Mexiko

Text und Fotos:

Hans-J. Aubert / Ulf Müller-Moewes

Bruckmann

Vorsatz:
Der Fischfang, hier mit einem Schleppnetz vom Ufer aus, spielt trotz zurückgehender Fangergebnisse noch immer eine wichtige Rolle bei der Selbstversorgung der Bevölkerung.

Nachsatz:
Auch die Indianerinnen sind modebewußt und lassen sich viel Zeit bei der Wahl der geeigneten Stoffe.

Seite 1:
1 Von den Bauern Nordmexikos werden die Säulenkakteen gern als luftige und dennoch sichere Heuschober genutzt.

Seite 2/3:
2 Tulum, die einzige größere Mayasiedlung am Meer, erlebte ihre Blütezeit kurz vor Ankunft der Spanier im 16. Jahrhundert und gehört heute zu den beliebtesten Ausflugszielen an der Karibikküste.

Seite 4/5:
3 Wie die Steppenlandschaft der Baja California zeigt, bringen die zerzausten Windwolken nur selten auch den ersehnten Regen.

Gedruckt auf chlorarm gebleichtem Papier

Die Deutsche Bibliothek – CIP-Einheitsaufnahme

Mexiko / Text und Fotos: Hans-J. Aubert/Ulf Müller-Moewes. –
München : Bruckmann, 1994
ISBN 3-7654-2638-5
NE: Aubert, Hans-Joachim; Müller-Moewes, Ulf

© 1994 F. Bruckmann KG, München
Alle Rechte vorbehalten
Gesamtherstellung: Bruckmann, München
Druck: Gerber + Bruckmann, München
Printed in Germany
ISBN 3-7654-2638-5

Inhalt

Einleitung

»Wenn man nur einen Flecken dieser Erde als Paradies bezeichnen dürfte, müßte es Mexiko sein«, schrieb der deutsche Naturforscher Alexander von Humboldt zu Beginn des vergangenen Jahrhunderts, als er Europa lehrte, Lateinamerika mit neuen Augen zu sehen.

Die ersten Kontakte Mexikos mit der Alten Welt lagen zu dieser Zeit schon fast dreihundert Jahre zurück. Es war im Jahre 1519, als 500 spanische Soldaten unter der Führung von Hernan Cortés bei Veracruz an Land gingen, Akteure in einem der großen Dramen der Weltgeschichte, bei denen die Erde für einen Moment den Atem anhielt. In nur wenigen Monaten hatte die kleine Schar Europäer das Reich der Azteken ausgelöscht. Der rätselhafte Mythos von Quetzalcoatl hatte ihnen die Tore geöffnet. Welch schicksalsschwerer Irrtum der Azteken, in der Ankunft der Fremden die langerwartete Wiederkehr des weißen und bärtigen Gottes zu sehen, der sein Volk in grauer Vorzeit Richtung Osten verlassen hatte. Wo liegen die Wurzeln dieses für Mexiko so verhängnisvollen Glaubens? Hatten schon Europäer lange vor Kolumbus den Weg in die Karibik gefunden, etwa der irische Mönch Brendan mit seinem Lederboot, wagemutige Wikinger in ihren hölzernen Langschiffen oder gar Kelten von der portugiesischen Küste? Nicht nur dieses, noch viele andere Geheimnisse birgt die Vergangenheit Mexikos: Woher kamen die Olmeken, was besagen die Hieroglyphen der noch immer nicht entzifferten Maya-Schrift? – Ungelöste Fragen, die den Zauber des Landes nur noch unterstreichen.

Diese Betrachtungsweise ist freilich erst Ergebnis der Aufklärung, die dem Menschen neue geistige Horizonte eröffnete und es ihm ermöglichte, seine Umwelt bewußt wahrzunehmen und zu hinterfragen, so, wie es Alexander von Humboldt als einer der ersten in Lateinamerika getan hat.

Bis zu seinem Besuch in den Jahren 1803/04 galt Mexiko als ferne Kolonie des spanischen Königreichs, als entmündigtes Kind an der Hand der großen Mutter Europa, deren Kultur damals als die allein seligmachende galt. Augen für die Schönheit der Vulkane, Wüsten und Urwälder hatten die fremden Eroberer nicht; Gold, ertragreiche Ländereien und zu bekehrende Seelen waren die Triebkräfte für ihre entbehrungsreichen und gefahrvollen Entdeckungs- und Eroberungszüge. So empfanden sie es als ganz natürlich, dem Land jenseits des Atlantik ihre eigene Lebensweise aufzuzwingen und die Zeugnisse der großen Vergangenheit in fanatischem Eifer zu zerstören, weniger vielleicht aus Überheblichkeit und Ignoranz, als aus Angst vor der Wiederauferstehung der alten Götter.

Aus dem Aufeinanderprallen der Kulturen ist ein neues Mexiko hervorgegangen, nicht über Nacht, sondern in einem schmerzlichen, Jahrhunderte währenden Prozeß, der noch immer nicht seinen Abschluß gefunden hat. Wie die weißen Zuwanderer und die dunkelhäutige Indiobevölkerung zum Menschentypus des Mestizen verschmolzen, so flossen präkolumbianische und europäische Geistesströmungen zu einem neuen Weltbild zusammen. Es bleibt ein Trost, daß es den Kolonialherren trotz aller Bemühungen nicht gelungen ist, die Wurzeln der in vielen Jahrhunderten herangereiften indianischen Tradition völlig auszurotten.

»Ich, oh Herrin, bin im reichen Amerika geboren, bin Schwester des Goldes, edler Metalle, Landsmännin.« Diese an die Königin von Spanien gerichteten Worte der kreolischen Nonne Juana Inés de la Cruz bringen den Zwiespalt auf den Punkt, der aus der Begegnung der Alten und der Neuen Welt erwuchs und mit dem das Land bis heute zu kämpfen hat. Denn die Schockwellen des Aufeinanderpralls zweier Welten sind auch nach fast 500 Jahren noch nicht verebbt.

Als Mexiko im Jahre 1821 die Fesseln europäischer Bevormundung abschüttelte, tat es sich schwer, aus den Fragmenten der von Europa zerschlagenen Vergangenheit und den übernommenen Elementen einer über drei Jahrhunderte währenden Kolonialherrschaft eine eigene Identität zusammenzufügen. Wen wundert es, daß sich diese Scherben unvereinbarer Kulturen kaum zu einem harmonischen Ganzen verbinden ließen, ja zu einer bis heute erkennbaren Zerrissenheit geführt haben, die Jorge Alberto Lozoya je nach Blickwinkel des Betrachters als

4 Trotz der vielfach westlich orientierten Lebensweise zählt Mexiko mit etwa acht Millionen reinrassiger Indios nach wie vor zu den größten Indianerländern Lateinamerikas.

»magischen Realismus« oder als »existentielle Verwirrung« definiert. Vieles für uns Unverständliche resultiert aus dieser Konfrontation, sei es das ambivalente Verhältnis zum nördlichen Nachbarn USA, sei es die tief im Katholizismus verwurzelte Religiosität in Verbindung mit dem Stolz auf die »heidnische« Vergangenheit. Diese Rückbesinnung auf das präkolumbianische Erbe ist erst Ergebnis der Revolution von 1910, der wichtigsten Zäsur in der mexikanischen Geschichte seit der Landung von Cortés. Rigorose Reformen beseitigten endgültig die alten kolonialen Strukturen, als ein Prozent der Bevölkerung noch 96 Prozent des Bodens besaß und ihn in Schuldknechtschaft bewirtschaften ließ. Mit der Neuverteilung des Bodens war dem Indio Mexikos der Weg aus der Klasse landloser und rechtloser Campesinos geebnet, eine soziale Errungenschaft, auf die selbst heute nur wenige lateinamerikanische Nachbarstaaten verweisen können.

Die Auseinandersetzung mit der wechselvollen Geschichte und der Konfrontation der Kulturen ist zur unerschöpflichen Quelle der zeitgenössischen Kunst geworden. Dichter wie Carlos Fuentes oder Octavio Paz sind mit ihren tiefgreifenden Analysen lateinamerikanischer Mentalität ebenso über die Grenzen des Landes hinaus bekannt geworden wie die Maler David Alfaro Siqueiros, Diego Rivera und Rufino Tamayo durch ihre politisch engagierten Wandmalereien, die als Muralismo zu einer eigenständigen Kunstform wurden.

Mexiko ist heute weit davon entfernt, als zurückgebliebener, unterentwickelter Staat in Erinnerung an eine großartige Vergangenheit dahinzudämmern.

Die Ursache für den Fortschritt mag nicht zuletzt in der Nähe zu den USA liegen, dem großen, reichen Nachbarn, mit dem man sich in einer Art Haßliebe verbunden fühlt. Wiederholt hat Mexiko die harte Faust der Gringos zu spüren bekommen, aber auch ihr Dollarsegen fließt über die Grenzen, und welcher Mexikaner schielte nicht neidisch auf die Konsumgesellschaft jenseits des Río Grande. Zu Tausenden überqueren sie im Schutz der Nacht die Grenze, um sich im Schlaraffenland, dessen Kultur sie im Grunde ihres Herzens verachten, ein paar Dollars

zu verdienen. Andererseits spürt man überall in Mexiko den nordamerikanischen Einfluß, sei es in der Gestalt der stromlinienförmigen Überlandbusse, der Fernsehsendungen oder der marktschreierischen Reklame, der unzähligen Urlauber, Restaurantketten oder Firmenvertretungen. An einigen Plätzen, etwa in Cancún und Acapulco, ist Mexiko so fest in Hand der USA wie die sommerliche Costa Brava im Besitz der Deutschen. Es sind die friedlichen Invasionen der Charterflugzeuge, die heute das Gesicht verändern – ob immer zum besten, sei dahingestellt.

Mexiko hat sich vom Status einer unterjochten und ausgebeuteten Kolonie weiter entfernt als die meisten anderen Nationen Lateinamerikas, in denen der Prozeß der Demokratisierung noch kaum in Gang gekommen ist. Aber welchen Preis hat das Land dafür gezahlt! Hundert Jahre tobte der Bürgerkrieg, in dem Zentralisten und Föderalisten, ehrgeizige Offiziere und verwegene Freischärler um die Macht kämpften. Und die Herausforderung ist noch längst nicht zu Ende, das Erreichte keineswegs gesichert. In seinen ergiebig sprudelnden Ölquellen sah der Staat einen fortwährenden warmen Dollar-Regen, der alle Zukunftssorgen beseitigte. Wer dachte in den siebziger Jahren schon an den Preisverfall? Als der Geldhahn schließlich nur noch tröpfelte, war es zu spät. Mexiko versank in einem Meer aus Schulden und mußte die bittere Erfahrung machen, daß auch hier die Bäume nicht in den Himmel wachsen, obwohl nach Überzeugung aller Einheimischen Gott doch Mexikaner ist.

Aber auch derartige Schicksalsschläge können die Liebe des Mexikaners zu seiner Heimat nicht trüben – die Wogen des Nationalismus gingen schon immer hoch und werden auch in Zukunft kaum verebben. Ob allerdings der Mythos vom Macho ebensolange Bestand haben wird, erscheint fraglich. Galant, stolz, kämpferisch und ungemein männlich gibt sich der mexikanische Mann, Verkörperung eines angestaubten Idealbildes aus kolonialen Tagen. Seine simple Einteilung der Frauenwelt in gute und schlechte Frauen, in Geliebte und Heilige, verkörpert durch Malinche, die indianische Gefährtin des Konquistadors Cortés, und die Jungfrau

5 Die historischen Kulttänze der Azteken sind heute zum Bestandteil der Folklore geworden und dienen nur noch der Unterhaltung zahlungswilliger Zuschauer.

Folgende Abbildungen:

6 und 7 Die Nachfahren der Mayas vermochten sich auf der Halbinsel Yucatán ihre kulturellen Eigenarten zu bewahren und stellen mit mehr als zwei Millionen Mitgliedern eine der größten Indianergruppen des Landes.

8 Das am Rande der Chenes- und Puuc-Zone gelegene Kultzentrum Edzná nimmt aufgrund seiner etwa 700 Jahre währenden Existenz eine bedeutende Rolle als Vermittler zwischen der Klassik des Südens und der Spätklassik des Nordens ein. Zentrales Bauwerk ist die fünfstöckige, 32 Meter hohe Stufenpyramide.

8 ▷

von Guadalupe, wird er wohl differenzieren müssen. Denn mit Einzug der Moderne hat auch die Demontage des Machismus begonnen. Selbstbewußte Frauen erobern sich Stück für Stück maskuline Domänen, lassen sich nicht mehr ins Heim einpferchen und nehmen ihre Rechte selbst in die Hand. Wer offenen Auges durch die großen Städte wandert, wird diesen Wandel wohl bemerken und kaum traurig darüber sein.

Früh schon wurde sich Mexiko seines Wertes als verlockendes Reiseziel für ausländische Devisenbringer bewußt. Sonne und warmes Wasser, diese unverzichtbaren Ingredienzien der Urlaubsfreuden, sind ein nicht geringerer Segen als das schwarze Gold des Öls. Zunächst kamen die Nordamerikaner, um »south of the border« Erholung und Abwechslung zu suchen. Mazatlán und Acapulco entwickelten sich zu Hochburgen des Angel- und Badetourismus, wobei allerdings viel Landestypisches dem Wunsch der Besucher nach heimatlichen Gewohnheiten zum Opfer fiel. Ganz besonders trifft dies auf Cancún zu, das auf dem Reißbrett entstandene Ferienzentrum an der Karibikküste. Ebensowenig wie in den präkolumbianischen Ruinenstätten zeigt Mexiko hier sein wahres Gesicht. Die winzigen Maisfelder sind es, die unbekannten Dörfer, die verschlafenen Marktflecken, aber auch die von Auto und Industrie geplagten Großstädte, wo das Herz des Landes schlägt. Für den Fremden sind es vor allem auch die Landschaften, die begeistern, die Wüsten, Vulkane und Urwälder, obwohl sie für den Mexikaner nur den gewohnten Lebensraum bilden, den zumeist bedrohlichen Rahmen seiner Existenz. Die Unerbittlichkeit der Natur wurde letztmalig am 19. September 1985 offenbar, als eines der stärksten Erdbeben der Menschheit die Millionenmetropole Mexico City heimsuchte.

Wer heute durch das Land reist, wird nicht immer die Begeisterung Alexander von Humboldts teilen und häufig das Paradies vergeblich suchen. Aber war Mexiko es jemals? Wie läßt sich sonst die Allgegenwart des Todes erklären. »Der Tod ist immer bei uns«, bekennt der Dichter Octavio Paz, »Tod und Töten sind Gedanken, die uns selten verlassen.« Auch der Reisende wird damit immer wieder konfrontiert, und das nicht allein in Gestalt von Totenschädeln aus Marzipan. So sind die historischen Stätten präkolumbianischer Völker, zu denen wir heute wallfahren, nicht nur erhabene Zeugnisse, sondern gleichzeitig auch die Grabmäler einer gewaltsam zerstörten Kultur. Aber welchen Touristen aus Europa berührt es angesichts der Tempelpyramiden noch schmerzlich, daß gerade der Geist der Alten Welt, der sich heute so aufgeschlossen gibt, damals die Reiche der Tolteken, Azteken und Mayas ohne Mitleid vernichtete? Ein Paradies zugrundegerichtet hatte Europa allerdings nicht, denn es war eine grausame Welt, in die Cortés und seine Krieger 1519 eindrangen. Das Blut unschuldiger Menschen floß in Strömen von den Pyramiden, um den Sonnengott zu besänftigen; mit Obsidianmessern beugten sich die Priester über die Gefangenen und schnitten ihnen bei lebendigem Leib das Herz aus der Brust. Heute stehen dort hoch oben auf den Plattformen der Tempel die Reisenden aus aller Welt, statt eines Messers die Kamera in der Hand.

Mexiko hat viele Gesichter: heitere und traurige, schöne und häßliche; kultureller Reichtum steht neben menschlichem Elend, Bewahrung neben Zerstörung. Anliegen dieses Buches ist es, dem Leser die Vielfalt dieses faszinierenden Landes zu vermitteln. Vielleicht wird auch er dann zu der Erkenntnis kommen, daß Mexiko trotz aller Widersprüche doch unzählige ganz persönlich empfundene Paradiese bereithält.

9 Preiswerte Imbißstände gehören zu den festen Einrichtungen mexikanischer Märkte und können es hinsichtlich der Qualität durchaus mit vielen Restaurants aufnehmen.

Die präkolumbianischen Reiche

Jäger und Sammler waren die ersten Menschen, die ihre Spuren auf dem Boden Mexikos hinterlassen haben. Vor mehr als 30 000 Jahren hatten ihre Vorfahren, von Asien kommend, auf einer eisfreien Landbrücke die Beringstraße überquert und damit den amerikanischen Kontinent betreten. Aber es dauerte 10 000 Jahre, ehe die Nomaden im Gefolge der südwärts ziehenden Tierherden auch die Hochebenen Mexikos erreicht hatten.

Wie über Nacht trat im ersten Jahrtausend vor Christus ein Volk ins Licht der Geschichte, ausgestattet mit den wesentlichen Merkmalen einer fortgeschrittenen Zivilisation: Ackerbau, Kalender und Schrift. Olmeken, Menschen aus dem Gummiland, nannten spätere indianische Legenden die geheimnisvollen Küstenbewohner, deren Herkunft und Entwicklungsgeschichte bis heute zu den ungelösten Rätseln amerikanischer Archäologie gehören. Ihre Kultur, die zwischen dem ersten Jahrtausend und 400 vor Christus blühte, strahlte in den gesamten mexikanischen Raum aus und beeinflußte alle späteren Völker, von den Mayas über die Zapoteken bis zu den Tolteken.

Leiteten der Ackerbau und der damit verbundene Schritt zum seßhaften Bauerntum die Präklassik ein, so kennzeichnete die Herausbildung städtischer Zentren als Mittelpunkte theokratischer Machtentfaltung – etwa ab 200 vor Christus – den Beginn der klassischen Zeit. Aber schon vorher, um das Jahr 1000 vor Christus, hatten die *Olmeken* inmitten der unzugänglichen Sümpfe des Staates Tabasco das stadtartige Zeremonialzentrum La Venta geschaffen, wofür sie die Baumaterialien aus weit entfernten Steinbrüchen heranholten. Als im Hochland die ersten Städte entstanden, hatte die Kultur der Golfküste ihre Blütezeit lange überschritten und war zu einem bedeutungslosen Stammeskult herabgesunken.

Die Hochblüte der klassischen Zeit begann um 300 nach Christus, als ein Volk, dessen Herkunft bis heute nicht geklärt ist, den Bau einer gewaltigen Tempel- und Stadtanlage in Angriff nahm: *Teotihuacán*. Das von Priestern regierte Großreich wirkte während seiner Blütezeit zwischen dem

vierten und siebten Jahrhundert bis in das Bergland von Oaxaca im Süden Mexikos und hat selbst das Gebiet der Mayas in Guatemala beeinflußt. Um 750 wurden die Tempelanlagen geplündert und durch Feuer vernichtet, die Kultur verlosch.

Kaum anders verlief die Geschichte von Monte Albán, der auf einem Bergrücken über Oaxaca thronenden Ruinenstadt im Süden des Landes. Beginnend mit der Zeitwende entfaltete sich ihre Kultur, als deren Träger ab rund 800 nach Christus die *Zapoteken* auftraten, zum beherrschenden Faktor im südmexikanischen Bergland. Aber kaum ein Jahrtausend währte diese Vormachtstellung. Bereits um das Jahr 950 zeichnete sich der Niedergang ab, der schließlich mit der Aufgabe der einst prachtvollen Metropole sein Ende fand. Die nachfolgenden Mixteken nutzten den Monte Albán fortan nur noch als Begräbnisplatz für hochgestellte Persönlichkeiten.

Inmitten des undurchdringlichen Urwalds von Petén, im Grenzgebiet von Mexiko, Guatemala und Belice, erblühte im dritten Jahrhundert das noch heute von Geheimnissen umgebene Reich der *Mayas*. Um 900 versanken die Städte mit ihren kunstvollen Pyramiden, Stelen und Reliefs aus bisher ungeklärten Gründen in der Dämmerung des Regenwaldes und gerieten bis ins 19. Jahrhundert in Vergessenheit. Sieht man von der Sonderstellung der Olmeken ab, erstreckt sich die Periode der theokratischen Reiche auf das erste Jahrtausend nach Christus. Über die Hintergründe des Zerfalls, der bei allen mexikanischen Hochkulturen fast gleichzeitig einsetzte, ist viel gerätselt worden. Heute neigt man zu der Ansicht, daß mehrere Umstände zum Niedergang beigetragen haben. Als auslösendes Moment muß wohl eine von Nord nach Süd gerichtete Völkerwanderung angenommen werden, die zur Konfrontation von kriegerischen Nomaden und seßhaften Bauern geführt hat. Überdies mag das mit dem kulturellen Aufschwung verbundene Bevölkerungswachstum sowie das Entstehen städtischer Ballungsgebiete zu Nahrungsmittelknappheit und Versorgungsschwierigkeiten geführt haben, welche die religiös orientierte Führungsschicht nicht bewältigen konnte.

Ein neuer Zyklus präkolumbianischer

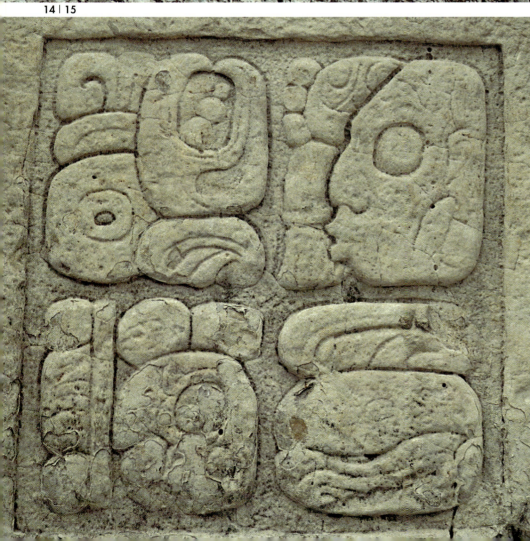

Kulturen begann im neunten Jahrhundert mit der Herrschaft der *Tolteken*, einem Stamm, der wahrscheinlich aus der Verbindung nomadisierender Chichimekenvölker mit kulturell höherstehenden Bewohnern des Hochtals von Puebla und der Golfküste hervorgegangen war. Das religiöse Moment, das für die vorausgegangenen Reiche bestimmend gewesen war, trat nun hinter die weltliche Herrschaft zurück. Krieg und Handel wurden zu tragenden Säulen der Macht toltekischer Könige. Dreihundert Jahre, von 856 bis 1168, regierten sie uneingeschränkt über das mexikanische Hochland, bis auch ihr Reich einfallenden Jägerhorden aus dem Norden zum Opfer fiel. Das so entstandene Machtvakuum zog viele neue Einwanderergruppen in das fruchtbare Kernland der versunkenen Hochkulturen und führte zur Bildung zahlreicher kleiner Stadtstaaten, die im fortwährenden Kampf um die Hegemonie standen. Der Stamm der Méxica war einer der letzten, der sich nach langer Wanderschaft im Hochtal von Mexico City festsetzen konnte. Erst im 18. Jahrhundert bürgerte sich die Bezeichnung *Azteken* ein, ein Name, den das Volk bereits früher einmal getragen, dann aber auf Weisung seines Schutzgottes abgelegt hatte. Während der Name Azteke wahrscheinlich auf den legendären Herkunftsort Aztlán zurückgeht, verbirgt sich hinter der Bezeichnung Méxica wohl das Nahuatl-Wort »meztli«, der Mond. Zunächst lebten die Azteken am Ufer des Texcoco-Sees in ärmlichen Verhältnissen und waren ihren mächtigen Nachbarn zu Tribut verpflichtet. Um das Jahr 1350 gründeten sie dann mitten im See auf einer kleinen Insel ihre Hauptstadt Tenochtitlán. Kaum hundert Jahre später hatten sich die Azteken im Dreierbund mit den Fürstentümern Texcoco und Tlacopán die Vorherrschaft im Tal von Mexiko erkämpft und bis zur Ankunft der Spanier 1519 auf nahezu das gesamte Territorium des heutigen Landes ausgedehnt.

Auch im fernen Yucatán zeichnete sich eine neue Entwicklung ab. Nach Aufgabe der Städte im Urwald des Petén verlagerte sich der Schwerpunkt der Besiedlung auf den nördlichen Abschnitt der Halbinsel. Neue Impulse erfuhr die Kultur durch zuwandernde Tolteken, die ihre Hauptstadt Tula um

das Jahr 980 aufgrund innerer Machtkämpfe unter dem legendären Führer Topiltzin-Quetzalcóatl verlassen mußten. Wahrscheinlich gelangten die Tolteken auf dem Seeweg nach Yucatán und begründeten eine neue Herrscherdynastie, die der dort angestammten Kultur der Mayas zu einer Renaissance verhalf.

Den gewaltsamen Schlußpunkt in der langen Entwicklungsgeschichte der altindianischen Kulturen setzten die Ankunft des spanischen Konquistadors Hernán Cortés (1485 bis 1547) und die nach harten Kämpfen erfolgte Gefangennahme des letzten Aztekenherrschers Cuauhtémoc am 13. August 1521.

Der Glaube der präkolumbianischen Völker wurzelte in der Erkenntnis, in einen immerwährenden Prozeß von Werden und Vergehen eingewoben zu sein, der im Wirken der Natur für jedermann sichtbar war. Selbst der Gang der Gestirne war, wie das Auf- und Untergehen der Sonne oder der Wechsel der Mondphasen zeigten, diesem Rhythmus unterworfen. An der Spitze des Pantheons stand Ometecuhtli, der Urgott, das höchste Wesen, das göttliche Prinzip, das fern im 13. Himmel über den ewigen Pulsschlag des Weltalls wachte, ohne selbst dem Prozeß von Werden und Vergehen unterworfen zu sein. Die Geschicke der Menschen lagen in den Händen der vier Schöpfungsgötter und unzähliger Naturgottheiten, denen jede Veränderung, jede Bewegung zugeschrieben wurde. Ihr Wohlwollen mußten sich die Menschen durch Opfer erkaufen, um nicht von den dämonischen Kräften der feindlichen Umwelt ins Verderben gestürzt zu werden.

In engster Beziehung zur Religion stand vor allem bei den Mayas der *Kalender*. Sie bauten ein chronologisches System auf, das bis zur Ankunft der Spanier im gesamten mittelamerikanischen Raum Geltung hatte und an Genauigkeit die in Europa damals übliche Zeitbestimmung weit übertraf. Die Zeitrechnung stützte sich auf zwei Kalender: einen Ritualkalender von 260 Tagen, eingeteilt in 13 Monate zu jeweils 20 Tagen, und einen 365 Tage zählenden Sonnenkalender, der in 18 Monate zu jeweils 20 Tagen aufgegliedert war. Die verbleibenden fünf Tage galten als namenlose Unglücksperiode, in der es die dämonischen Naturkräfte leich-

18 Der »Platz der drei Kulturen« in Mexico City ist Sinnbild des historischen Wandels über die Jahrhunderte. Auf den Fundamenten des von den Spaniern zerstörten Aztekentempels Tlatelolco ruht die Kirche Santiago, umgeben von den Hochhäusern des 20. Jahrhunderts.

19 Der Kalenderstein der Azteken ist eines der Prunkstücke des Anthropologischen Museums in Mexico City und wichtiges Zeugnis der komplexen Chronologie der präkolumbianischen Völker.

ter hatten, das Leben des Menschen zu beeinflussen.

Die Mayas benutzten nicht wie wir das Dezimalsystem, sondern das auf der Zahl Zwanzig basierende Vigesimalsystem. Da ihnen auch die Null bekannt war – 1000 Jahre bevor sie die Araber in die Alte Welt einführten –, vermochten sie alle Zahlenwerte darzustellen. Das genaue Datum ergab sich aus der Kombination beider Kalender. Durch die unterschiedliche Laufzeit wiederholte sich nur alle 18 980 Tage ein Tag mit gleicher Tagesbezeichnung. Dieser Zyklus von genau 52 Jahren war eine der entscheidenden Größen im Zeitgefüge der alten Mexikaner. Um Mitternacht erbohrten die Priester auf der Brust eines Geopferten das Neue Feuer, Symbol für den Beginn einer neuen Epoche. 1507 wurde das Fest mit höfischer Prachtentfaltung und grausamen Opferriten zum letzten Mal begangen. Zwölf Jahre später betraten die Spanier den Boden des Landes und setzten dem Zeitalter der fünften Sonne, in dem die Mexikaner zu leben glaubten, ein blutiges Ende.

Die Kolonialepoche

»Es war ein Berg, der sich im Wasser bewegte« – mit eigenen Augen habe er ihn gesehen, berichtete der Bauer seinem König. Moctezuma aber, allmächtiger Herrscher der Azteken, ließ den Überbringer der unheilvollen Nachricht in Ketten werfen. Er verstand nicht, das Zeichen zu deuten und in das Bild seiner düsteren Zukunftsvisionen einzureihen, welche ihn schon seit langem verfolgten. Selbst als sich die Berichte von Fremden, die an der Küste gelandet sein sollten, mehrten, vermochte der König nicht zu handeln. Gefangen in seinem Glauben an die Wiederkehr des bärtigen Gottes Quetzalcóatl, wagte er es lange Zeit nicht, sich den Eindringlingen entgegenzustellen. Dieser Unentschlossenheit war es zu verdanken, daß die 500 Mann der spanischen Streitmacht, die im Februar 1519 unter Führung von Hernán Cortés an der Küste Mexikos gelandet waren, bis in die Metropole des Aztekenreiches vordringen konnten, ohne auf ernsthaften Widerstand zu stoßen.

Cortés verstand es, die Feinde der Azte-

ken zu gewinnen und so eine beträchtliche Streitmacht indianischer Hilfstruppen um sich zu scharen. Nach blutigen Kämpfen und langer Belagerung, der Cuauhtémoc, der letzte Herrscher der Azteken, vier Monate lang heldenhaft widerstehen konnte, zogen die Spanier am 13. August 1521 zum zweiten Mal in die Metropole Tenochtitlán ein, diesmal jedoch nicht als Gäste des Königs, sondern als Sieger und Wegbereiter der spanischen Kolonialherrschaft.

In der Eroberung und Besitznahme fremder Gebiete sahen die Kolonialmächte der damaligen Zeit keineswegs einen Akt von Willkür und Ungerechtigkeit. Die Unterwerfung der Völker Lateinamerikas war für sie die konsequente Fortführung der Reconquista, des Heiligen Krieges gegen die islamische Herrschaft auf spanischem Boden. Es ist somit kaum verwunderlich, daß auch für die Eroberung der Neuen Welt der Christianisierungsgedanke als Rechtfertigung im Vordergrund stand und der Papst durch Verleihung von Bullen und durch Schiedssprüche aktiv in den Kolonisationsprozeß eingriff.

Nach der damaligen Auffassung gehörten die bei den Erkundungsfahrten entdeckten Länder derjenigen Nation, deren Vertreter als erster die Flagge seines Heimatlandes an der Küste hißte. Durch Papstbullen, die im Mittelalter die Wirkung internationaler Verträge hatten, wurde dieser Rechtsanspruch dann gegenüber konkurrierenden Mächten gefestigt. Ob auch die einheimische Bevölkerung mit diesem neuen Status einverstanden war, diese Frage stellte sich für die Eroberer freilich niemals.

Die Verfolgung wirtschaftlicher Ziele einerseits und die vom Papst auferlegte Pflicht zur Heidenmission andererseits bildeten die Säulen der Kolonialherrschaft in Lateinamerika. Jedoch schon bald nach der Eroberung zeigte sich, daß die beiden Forderungen nur schwer miteinander vereinbar waren. Wie ein roter Faden zieht sich der Widerspruch von christlicher Nächstenliebe und Ausbeutung durch die Kolonialgeschichte und wurde schließlich, vor allem in Mexiko, zum auslösenden Moment für die Befreiung von der spanischen Vorherrschaft.

In der Etablierung ihrer Macht folgten die

20 und 21 Während die Mayafestung Tulum (20) durch die Nähe zum Badeort Cancún täglich Tausende von Besuchern anzieht, gibt das etwas abseits gelegene Kabah (21) dem Betrachter mehr Muße zum ungestörten Studium der steinernen Masken des Regengottes Chac.

22 Die verlassene
Jesuitenmission San
Borja, einst Zentrum
einer blühenden
Oasenkultur im Herzen
der Halbinsel Baja
California, bezeugt die
bedeutende Stellung
der Kirche als Wegbe-
reiter der abendländi-
schen Kultur.

23 Durch Luftzufuhr
wird die Temperatur
des kleinen, einfachen
Ziegelofens geregelt.
Als Brennmaterial
werden gern gedro-
schene Maiskolben
verwendet.

24 Abseits der großen
Städte hat sich das
Leben in vielen Regio-
nen des Landes seit
der Kolonialzeit wenig
gewandelt, dadurch
aber auch zur Ver-
schärfung der sozialen
Spannungen geführt.

Kolonialherren vorgegebenen Mustern, die sich bereits während der Reconquista auf der Iberischen Halbinsel bewährt hatten. Das von den Eroberern besetzte Land wurde Eigentum des Königs, wodurch Bodenspekulation und Bildung von Großgrundbesitz vorgebeugt werden sollte. Geldmangel verleitete die Krone später jedoch immer wieder, von diesem Grundsatz abzuweichen und Staatsland an wohlhabende Bürger zu verkaufen oder illegale Besitznahme gegen Zahlung nachträglich zu sanktionieren. Dadurch waren trotz anfänglich guter Absicht dem Handel mit Grund und Boden Tür und Tor geöffnet. Wesentliche Mitschuld an der ungleichen Verteilung des Bodens muß auch dem Klerus angelastet werden, der es verstand, durch Stiftungen und Nachlässe in den Besitz ausgedehnter Ländereien zu kommen oder die Nutzungsrechte an ihnen zu erwerben.

Die Fäden der Kolonialpolitik liefen in den Behörden der Casa de la Contratación und des Consejo Real y Supremo de las Indias zusammen. Hier wurden die Auswanderungslizenzen vergeben, die jährlichen Schiffskonvois zusammengestellt und die Kolonialbeamten ausgewählt. An der Spitze der kolonialen Hierarchie residierte als unmittelbarer Vertreter der spanischen Krone der Vizekönig. Ihm zur Seite gestellt waren die Audiencias, oberste Gerichtshöfe mit weitreichenden Kompetenzen, um die spanische Rechtsnorm in den überseeischen Besitzungen durchzusetzen, aber auch, um die Machtausübung des Vizekönigs wirksam zu kontrollieren.

Ebenso wie Ausreise und Verwaltung unterlag auch die Besiedlung strenger Kontrolle. Bürger spanischer Herkunft durften sich zu Beginn der Kolonisation nur in Städten niederlassen, die überall auf dem Lande nach heimatlichem Vorbild entstanden. Als Grundriß diente das bis heute in den meisten Städten Lateinamerikas noch erhaltene Schachbrettmuster sich rechtwinklig kreuzender Straßen, zwischen den die Wohnblocks, die sogenannten Cuadras, liegen. Zentrum jeder Siedlung war die Plaza de Armas, auch Plaza Mayor oder Zócalo genannt. An ihr standen sich die Gebäude der kirchlichen und weltlichen Gewalt gegenüber, weit sichtbarer Ausdruck dieses für die

Kolonialzeit charakteristischen Dualismus von Kirche und Staat. Innerhalb der Stadt erhielt der Kolonist ein Grundstück zugewiesen, auf dem er sein Haus zu errichten hatte. Für die landwirtschaftliche Tätigkeit stand ihm außerhalb der Stadt eine Parzelle zur Verfügung, die in ihrer Größe seinem sozialen Rang entsprach.

Da das Interesse der Kolonisten vorwiegend wirtschaftlichen Überlegungen galt und nicht, wie bei späteren Auswanderungen, politisch oder religiös motiviert war, stand der Gewinn im Mittelpunkt aller Betrachtungen. Unter diesen Gesichtspunkten wurden die besiegten Indianer vornehmlich als billige Arbeitskräfte gesehen, und Menschenhandel, Zwangsarbeit und Ausbeutung gehörten bald zu den düsteren Begleiterscheinungen der Besiedlung Lateinamerikas. Die Behandlung der Eingeborenen führte von Anfang an zum Konflikt zwischen Kirche und Staat, zwischen den Kolonisten und der Verwaltungsbehörde. Unter dem Einfluß der Lehren des Thomas von Aquin hatte sich bereits zu Beginn der spanischen Entdeckungsreisen eine neue ethische Einstellung durchzusetzen begonnen, die in den Heiden jenseits des Ozeans nicht mehr nur Barbaren ohne Rechte sah. Die empörten Berichte Bartolomé de las Casas, eines Missionars, der den größten Teil seines Lebens in Mexiko und den westindischen Kolonien verbracht hatte, bewogen die spanische Krone, ihr besonderes Augenmerk auf den Schutz der Indianer zu richten. Fürsorge und Ausbeutung waren jedoch Gegensätze, die sich nie vereinen ließen. Trotz zahlreicher Gesetze, die den Eingeborenen ein unabhängiges Leben sichern sollten, fanden die Kolonisten immer wieder Mittel und Wege, die Vorschriften zu umgehen oder in ihrem Sinne auszulegen und die Indianer auch weiterhin auf grausame Art und Weise auszubeuten. Hier wurde die Ohnmacht der Kirche deutlich, die – zumindest was den niederen Klerus betraf – den Schutz der Einheimischen als oberstes Ziel ansah. Durch Abtretung der Missionsprivilegien an die spanischen Könige hatte der Papst jedoch seinen direkten Einfluß auf die Kolonien eingebüßt und kirchliche Entscheidungen von staatlichen Instanzen abhängig gemacht, die nicht selten trotz königlicher Er-

25 Kirche und Vaterland, symbolisiert durch die Nationalflagge und die ehrwürdige Kathedrale von Mérida, sind nach wie vor wichtige Elemente zur Integration der verschiedenartigen Bevölkerungsgruppen des 85 Millionen Einwohner zählenden Landes.

lasse die Interessen der Kolonisten vertraten. Der Aufruf zur Menschlichkeit, immer wieder von den Kanzeln der Kirchen an die Siedler gerichtet, verhallte nahezu wirkungslos. »… dann packt sie der Hunger nach Gold, und sie werden statt zu sanften Lämmern zu reißenden Wölfen«, beklagte Petrus Martyr d'Anghiera 1526 das Verhalten seiner Landsleute in den Kolonien der Neuen Welt.

Unter dem Einfluß der europäischen Kultur wandelte Mexiko in kaum einem Jahrhundert sein Gesicht grundlegend. Den Mittelpunkt des Kolonialreiches bildete das Zentrale Hochland um die ehemalige Hauptstadt der Azteken, während sich die Randzonen entlang der Küsten nur langsam entwickelten und lose mit dem Machtzentrum von Mexico City verbunden waren. Die Einführung von Esel und Pferd revolutionierte das Verkehrswesen; als weitmaschiges Netz überzogen bald Hauptstraßen – die Caminos Reales – das Land und belebten den Warenaustausch zwischen den Provinzen und den zahlreichen neu entstandenen Städten. Nicht weniger einschneidend verlief die Entwicklung der Landwirtschaft. Weizen und Zuckerrohr wurden erstmals eingeführt und gehörten bald zum gewohnten Bild der Landschaft, ebenso Hühner, Schweine und Rinder, die schnell Zugang zu den einheimischen Bauernhöfen fanden und heute selbst aus dem genügsamen Kleinstbetrieb nicht mehr fortzudenken sind.

Neben Edelmetallen, denen das Hauptinteresse der Spanier galt, lieferte die Kolonie auch noch andere hochwertige Produkte wie den roten Farbstoff der Cochenille-Laus, für den Mexiko zweihundert Jahre lang ein Monopol besaß. Ebenso gefragt war der Naturfarbstoff Indigo, der aus einer buschartigen, in Mittelamerika heimischen Pflanze gewonnen wurde.

Bedingt durch das trockene Klima weiter Landstriche entwickelte sich Nordamerika zu einem riesigen Viehzuchtgebiet. Langsam dehnten die Viehbarone, die Haciendados, ihre Weidegründe gegen den erbitterten Widerstand der Indianer bis weit auf das Territorium der heutigen USA aus und gründeten Betriebe, die oft größer waren als europäische Fürstentümer. So konnte eine Hacienda knapp 100 Jahre nach der Eroberung Mexikos 28000 Rinder, 150 Pferde, 180 Maultiere zählen, ganz zu schweigen von einem Heer von Arbeitern und abhängigen Indianern. Da die Indios zu Beginn keine Rinderzucht betreiben durften, wichen sie auf Schafe aus, die bald zum festen Bestandteil jedes Eingeborenendorfes gehörten. Neben Fleisch und Wolle lieferten sie auch den begehrten Talg für die Kerzenindustrie, der es schwerfiel, die Nachfrage der Bergwerke und Kirchen zu decken.

Der wirtschaftliche Aufschwung der amerikanischen Kolonien dauerte jedoch nur ein Jahrhundert. Der Niedergang der spanischen Vorherrschaft in Europa, der mit dem Verlust der Armada 1588 begann und schließlich in der Besetzung Spaniens durch Frankreich 1808 gipfelte, konnte nicht ohne Auswirkung für die Besitzungen jenseits des Atlantiks bleiben. Die Siedler wurden mit immer höheren Abgaben für die aufwendige Hofhaltung und die Kriegskasse des Mutterlandes belastet, während ihnen auf der anderen Seite eine freie wirtschaftliche Entfaltung untersagt blieb. Zwischen 1565 und 1778 durfte der Warenaustausch mit Europa nur zwischen den Häfen Veracruz und Sevilla – später auch Cádiz – erfolgen, wodurch sich die spanische Krone das Handelsmonopol sicherte und es mit Importverboten, Anbaureglementierungen und Zöllen zu ihrem Nutzen zu gestalten wußte.

Der Seeverkehr mit der Heimat verlief nicht immer reibungslos. Die mit Silber und Gold beladenen schwerfälligen Galeonen der Spanier waren für englische, französische und holländische Piraten eine verlockende Beute. Mit Duldung deren Könige, die mit der einseitigen Aufteilung der Welt unter Spanier und Portugiesen nicht einverstanden waren, machten Freibeuter wie Cavendish oder Drake die Karibik und später auch den Pazifik unsicher. Allein im Jahr 1554 fingen die Piraten 25 spanische Schiffe auf dem Weg in die Heimat ab. Mit dem Niedergang der spanischen Weltherrschaft verschärfte sich der Gegensatz zwischen den aus dem Mutterland zugereisten Spaniern und den in den Kolonien geborenen Weißen, den Kreolen. Unmut über die Bevorzugung von Spaniern bei der Besetzung hoher Ämter und das neu erwachende Heimatgefühl der Kreolen führten zu einer na-

26 Tortillas, die aus Maismehl gebackenen Fladen, dürfen als Beilage bei keinem Gericht der mexikanischen Küche fehlen.

27 Mit prunkvoller Fassadendekoration an festungsartig wirkender Architektur hat die koloniale Baukunst Mexikos eigene Wege beschritten, wie hier am Beispiel der Kirche »La Valenciana« in der Nähe von Guanajuato.

28 Die Liebe der Mexikaner zu farbiger Wandgestaltung schlägt sich nicht nur in Fresken mit politisch-historischer Thematik nieder. Auch Erfrischungsgetränke lassen sich, wie hier im Städtchen Comitán in Chiapas, auf diese Weise dekorativ anpreisen.

29 Straßenmusikanten haben bei den musikliebenden Mexikanern eine lange Tradition und sichern auch dieser Gruppe ein bescheidenes Einkommen.

tionalen Bewegung, die durch das Gedankengut der Aufklärung und den erfolgreichen Befreiungskampf der nordamerikanischen Kolonien genährt wurde. Aber anders als in den übrigen spanischen Niederlassungen Lateinamerikas ging die Initiative zur Loslösung vom Mutterland nicht von der spanischen Oberschicht aus, sondern von den landlosen Peones und Campesinos, den Bauern und Landarbeitern, die durch ihre Erhebung weniger eine politische als vielmehr eine soziale Umwälzung herbeiführen wollten.

Das Zeitalter der Revolution

»Es lebe Ferdinand der VII. und Tod den Spaniern«, rief am 16. September 1810 ein bis dahin unbekannter Landpfarrer namens *Miguel Hidalgo* (1753 – 1811) von den Stufen der kleinen Kirche seiner Gemeinde Dolores den versammelten Indianern und Mestizen zu. Mit diesem Ruf nach Freiheit, dem »Grito de Dolores«, begann ein neuer Abschnitt in der blut- und tränenreichen Geschichte des Landes. Aber nicht die Unabhängigkeit stand auf dem Programm des ersten Revolutionärs, sondern der Kampf um soziale Gerechtigkeit und menschenwürdiges Dasein der landlosen, in Abhängigkeit von allmächtigen Großgrundbesitzern lebenden Bauern. Somit trug der erste Aufstand gegen die spanische Kolonialherrschaft keine politischen Züge; es war die kaum erwachte Hoffnung auf Lösung der sozialen Spannungen, die seit Jahrhunderten die Kluft zwischen Arm und Reich immer weiter vertieft hatten. Und es ist daher auch kein Wunder, daß sich ein bescheidener Priester zum Sprecher der Unterdrückten gemacht hatte. An die 80000 mit Knüppeln und Macheten bewaffnete Männer scharte der Pfarrer aus dem Norden Mexikos um sich und begann den langen Marsch auf die Hauptstadt. Weitere Landarbeiter schlossen sich dem Zug an, der sich bald wie ein Lindwurm durch das Land wälzte und die am Wege liegenden Orte geplündert und zerstört zurückließ. Vor dem endgültigen Sturm auf Mexico City schreckte Hidalgo jedoch zurück, vielleicht fürchtete er die Anarchie, die nach einem Sieg über das Land fegen würde. Sein Kriegsglück wendete sich

30 Mit dem »Grito de Dolores«, dem Ruf nach Freiheit, entfachte Pater Hidalgo, hier auf einem Wandgemälde von Diego Rivera im ehemaligen Kaiser- und heutigen Nationalpalast in Mexico City, 1810 den Unabhängigkeitskampf Mexikos.

nun rasch, die Revolutionsarmee mußte die ersten Niederlagen hinnehmen, und schließlich fiel Hidalgo durch Verrat in die Hände der Spanier. Am 31. Juli 1811 wurde er als erster Revolutionär Mexikos hingerichtet und sein Kopf zur Abschreckung zehn Jahre lang in einem Käfig in Guanajuato ausgestellt. Der Aufstand war zwar niedergeschlagen, die sozialen Spannungen jedoch blieben bestehen; sie gärten im Untergrund weiter, bis sich ein neuer Führer fand, die Massen zu einen. Mit *José Maria Morelos* (1765 bis 1815) stellte sich wiederum ein Geistlicher an die Spitze der Landbevölkerung. Durch ein klar umrissenes Programm wollte Morelos die Erhebung von Beginn an in festgefügte Bahnen lenken. Auch diesmal hatten sich die Aufständischen – nun aber verbunden mit der Forderung nach Loslösung vom Mutterland – die Verbesserung ihrer verzweifelten Lage am Rande des Existenzminimums auf ihre Fahnen geschrieben. Auflösung und Verteilung des Grundbesitzes, Abschaffung der Tributverpflichtungen und gerechte Vermögensverteilung hießen die Parolen, mit denen die Indios und Mestizen in den Kampf zogen. Wiederum fand die Erhebung ein gewaltsames Ende, und Morelos ereilte das Schicksal seiner Vorgänger: Er wurde verraten und am 22. Dezember 1815 hingerichtet.

Die revolutionäre Bewegung hatte nun aber Eigendynamik erhalten, die das Land schnell an den Rand des Chaos trieb. Kleine Gruppen bewaffneter Desperados hielten die Bevölkerung in Angst und Schrecken, die Grenze zwischen Bandit und Revolutionär verschwamm, die Gewalt regierte. Als die Oberschicht ihre Privilegien durch die liberale Politik Ferdinands VII. gefährdet sah, wechselte sie ins spanienfeindliche Lager über, ohne allerdings die sozialen Forderungen der Bauernrevolutionäre zu unterstützen. Der Umsturz wurde schließlich durch *Augustin de Iturbide* (1783 – 1824), einem brutalen, ehrgeizigen Offizier aus dem konservativen Lager, herbeigeführt. Mit der Abdankung des nach Veracruz geflohenen Vizekönigs und dem Einmarsch Iturbides in die Hauptstadt am 27. September 1821 fand die Kolonialherrschaft ein unblutiges Ende.

Die Zeit der Gewalt, Unruhe und Unterdrückung war damit jedoch noch lange nicht vorbei. Iturbide ließ sich 1822 zum König Augustin I. ausrufen, mußte aber bereits nach acht Monaten unfähiger Herrschaft auf Druck zum Putsch entschlossener Offiziere abdanken. Geschüttelt durch die nun wieder aufflammenden Kämpfe zwischen den liberalen Föderalisten und den konservativen Zentralisten trieb das Land steuerlos in die Anarchie, bis *Santa Ana* (1795 – 1876), einer der Offiziere, die zum Rücktritt Iturbides beigetragen hatten, 1834 die Macht an sich riß. In den folgenden zwei Jahrzehnten wurde er dreimal auf den Präsidentenstuhl gerufen. Seine Regierungszeit gehört zu den dunkelsten Epochen mexikanischer Geschichte. Durch Demagogie und Sentimentalität verstand es der Diktator immer wieder, sein Terrorregime vom Volk sanktionieren und sich als Retter des Vaterlandes feiern zu lassen.

Durch die Vertreibung des Diktators hatten wieder die Liberalen, die eine föderalistische Ordnung nach dem Vorbild der USA befürworteten, die Oberhand gewonnen. In einem dreijährigen, erbittert geführten Krieg versuchten die Konservativen, die Macht zurückzugewinnen. Um den Führer der Liberalen, den Zapotekenindianer *Benito Juárez* (1802 – 1872), zu entmachten, der mit seinem Reformprogramm und seiner Kirchenfeindlichkeit die Existenz der konservativen Kreise bedrohte, versuchten die Zentralisten, Frankreich in den Machtkampf einzuschalten. Napoleon III. schickte Truppen nach Übersee und setzte den Erzherzog von Österreich, *Maximilian von Habsburg*, als Regenten ein, in der Hoffnung, als Kolonialmacht das Erbe Spaniens antreten zu können, zumal den Nordamerikanern durch den Bürgerkrieg im eigenen Lande die Hände gebunden waren. Juárez ging in den Untergrund und nahm von Chihuahua aus den Kampf gegen den Kaiser auf, eine unglückliche Figur im Kräftespiel der Mächte. Die französische Intervention bewog die USA schließlich doch noch, in Mexiko einzumarschieren und sich mit den liberalen Kräften gegen Maximilian zu verbünden. Aufgeschreckt durch die unerwartete Reaktion der Amerikaner zog Napoleon sein 30000-Mann-Heer zurück und opferte den Kaiser, der nunmehr von ausländischer Hilfe isoliert und nur von einem klei-

nen Kreis Konservativer unterstützt von den Terrassen seines Prunkschlosses hoch über dem Chapultepec-Park den Niedergang seiner Herrschaft mit ansehen mußte.

Benito Juárez wurde nun zur beherrschenden Gestalt auf der politischen Bühne des Landes, zum ersten Präsidenten, dem es gelang, der Nation das Gefühl von Einheit und Stärke zu vermitteln. Sein Nachfolger *Porfirio Díaz* (1830 – 1915) setzte diese besonnene Politik fort und verstand es, dem Konflikt zwischen den liberalen und konservativen Gruppen geschickt aus dem Wege zu gehen. Die Wirtschaft begann sich langsam zu erholen, Bergbau, Handel und die neu erschlossenen Ölquellen warfen hohe Gewinne ab, die dem Land jedoch nur zum Teil zugute kamen; der überwiegende Prozentsatz floß ausländischen Investoren zu. Für die breite Masse der Bevölkerung hatten die Revolutionen und Bürgerkriege, die nun schon fast ein Jahrhundert tobten, kaum Verbesserungen gebracht. Nach wie vor kennzeichnete eine breite Kluft zwischen Arm und Reich die Sozialstruktur des Landes und lieferte immer wieder Zündstoff für blutige Auseinandersetzungen. Auch der Aufstand vom 20. November 1910 schien zunächst nur eine der vielen Erhebungen zu sein, die nach der Erlangung der Unabhängigkeit die Nation erschüttert hatten. Der Unmut richtete sich diesmal gegen die Besetzung höherer Staatsämter mit Freunden des Diktators. Zum Sprecher dieser Bewegung machte sich der Großgrundbesitzersohn Francisco I. Madero, der in dem sich nun ausweitenden Bürgerkrieg zur Symbolfigur des Widerstandes gegen das etablierte Machtgefüge aufstieg. Mit der Forderung: »Keine Wiederwahl« legte er unbewußt den Grundstein für eine der wichtigsten Säulen mexikanischer Demokratie – die bis heute streng beachtete Beschränkung der Amtszeit des Präsidenten.

Der Kampf lag wiederum in der Hand kleiner Gruppen unter verwegenen rauhbeinigen Führern, von denen einige schon zu Lebzeiten zur Legende wurden. So der unumstrittene Held des Freiheitskampfes, *Emiliano Zapata* (1883 – 1919), ein kleiner Bauer aus dem Staat Morelos. Er begründete seinen Widerstand nicht mit theoretischen Modellen für neue Machtstrukturen,

31 Patriotismus und Glamour sind in Mexiko durchaus kein Widerspruch.

sondern handfesten Forderungen, die jeder verstand und die bereits seit den ersten Erhebungen unter Hidalgo und Morelos zum Hauptanliegen der Landbevölkerung gehörten. Mit dem Schlachtruf »Freiheit und Land« wurde die Bauernmiliz der »Zapatistas« zum Schrecken der Großgrundbesitzer. Mancher Präsident wurde mit Hilfe dieser Bauernmilizen ins Amt gehoben. Nur zu oft jedoch »vergaßen« die neuen Machthaber schnell ihre Reformpläne oder konnten sie gegen die Oligarchie nicht durchsetzen. Zapata hingegen verlor sein Ziel nie aus den Augen. Mit Gewalt eignete er sich die Ländereien der Reichen an und verteilte sie unter die landlosen Siedler. Durch seine hartnäckigen Alleingänge provozierte er immer wieder die Regierungen, denen er häufig selbst unter persönlichem Einsatz in den Sattel geholfen hatte. 1919 endlich gelang es einem Offizier des Präsidenten Venustiano Carranza, den Revolutionär in eine Falle zu locken und zu töten.

Der Kampf um die Macht an der Spitze aber ging unvermindert weiter. Madero verstand es nicht, sein Ansehen als Freiheitsheld auf das Amt des Präsidenten zu übertragen, und enttäuschte die in ihn gesetzten Hoffnungen. Die Unruhen flammten wieder auf, und Madero wurde schließlich von seinem ehemaligen Gefolgsmann Huerta verhaftet und ermordet. Trotz einer neuen demokratischen Verfassung im Jahr 1917 gelang es erst 1934 dem Präsidenten *Lázaro Cárdenas*, dem unabhängigen Staat Mexiko eine solide Basis für die Zukunft zu schaffen.

Gegen den erbitterten Widerstand der reichen und mächtigen Großgrundbesitzer trieb er die Bodenreform voran und beschnitt durch Enteignung der nordamerikanischen Ölgesellschaften den ausländischen Einfluß. Popularität bei allen Bevölkerungsschichten bis hinauf in die Kreise etablierter Macht sicherte dem besonnenen Präsidenten eine von Unruhen und Aufständen freie Amtszeit. Selbst bei den Neuwahlen war seine Position so stark, daß trotz Straßenschlachten und Tumulten die Revolution nicht erneut aufflackern konnte. Als graue Eminenz wirkte Cárdenas hinter den Kulissen weiter und beeinflußte so die Entscheidungen seines Nachfolgers General Camachos, der bis 1946 die Staatsgeschäfte führte.

Gustavo Díaz Ordaz, von 1964 bis 1970 zum Präsidenten gewählt, demonstrierte mit der Ausrichtung der Olympischen Spiele und der Fußballweltmeisterschaft den Willen seines Landes zu einer »Politik der guten Nachbarschaft«. Innenpolitisch trieb er vor allem die Landreform voran. Die reichen Ölfunde im Golf von Mexiko erwiesen sich sehr bald schon als Danaergeschenk. Der unerwartete Preisverfall für Rohöl stürzte das Land in den achtziger Jahren in eine tiefe wirtschaftliche Krise, geprägt durch hohe Auslandsverschuldung und dreistellige Inflationsraten. Durch verstärkte staatliche Kontrolle, Umschuldungsabkommen und einschneidende wirtschaftliche Maßnahmen versuchten José Lopez Portillo und Miguel de la Madrid der Krise Herr zu werden. Aber erst unter dem jetzigen Präsidenten Carlos Salinas de Gortari, der 1988 mit einer hauchdünnen Mehrheit sein Amt antrat, zeichnete sich ein deutlicher Aufschwung ab. Wesentlich zur Konsolidierung dürfte das kürzlich in Kraft getretene Freihandelsabkommen NAFTA beitragen, dem außer Mexiko die USA und Kanada angehören.

Vorhergehende und nebenstehende Abbildungen:

32 bis 39 Verteilt auf über ein Dutzend Stämme mit eigener Sprache und Kultur leben die Indianer Mexikos in zersplitterten Gruppen über das Land verstreut. Nach Ausrottung der Führungsschicht durch die Spanier blieb ihnen nur die Existenz als einfache Bauern am Rande der Gesellschaft oder als Hersteller folkloristischer Souvenirs. Daß die Revolutionen Mexikos die dadurch hervorgerufenen sozialen Spannungen noch immer nicht beseitigt haben, beweist der blutige Aufstand der verarmten Indios von Chiapas im Januar 1994. Die Bilder 32 bis 34, 36 und 39 zeigen Bewohner des südmexikanischen Berglandes von Chiapas, 35 eine Mayafrau von der Halbinsel Yucatán, 37 und 38 Kinder vom Volk der Tarasken aus Zentralmexiko.

Für die ausländischen Betrachter verbirgt sich hinter dem Namen Mexiko vornehmlich eine Palette kultureller Strömungen, die in großartigen Kunstwerken – von der archaisch anmutenden Olmekenplastik über verschwenderische Barockfassaden bis hin zur kühnen progressiven Architektur unseres Jahrhunderts – ihren Ausdruck finden. Die Quelle aber, die immer wieder aufs neue die Phantasie der Künstler nährt und sie inspiriert, ist nicht zuletzt der Naturraum, in den eingebettet sich Zivilisation und Kultur entfalten.

Die Estados Unidos Mexicanos, die Vereinigten Mexikanischen Staaten, wie die offizielle Bezeichnung des Landes lautet, erstrecken sich zwischen dem 32. und 15. Grad nördlicher Breite, einem Bereich, in dem auch die Sahara, Saudi-Arabien und Nordindien liegen. Wie ein Keil ragt das Land als Abschluß des nordamerikanischen Kontinents von den gemäßigten Zonen über den Wendekreis bis in die Tropen. Im Osten und Westen findet es seine natürliche Grenze an Atlantik und Pazifik, im Norden wird sie teilweise durch den Río Bravo del Norte, auch Río Grande genannt, gebildet, zum Teil verläuft sie durch die Wüste von Sonora. Im Süden markieren die Urwälder des Petén und des Berglandes von Guatemala das Hoheitsgebiet. Dazwischen liegen zwei Millionen Quadratkilometer abwechslungsreicher Landschaft, eine Fläche, achtmal so groß wie die Bundesrepublik Deutschland.

Folgt der Reisende von Norden her kommend den Küsten, so durchfährt er zunächst eintönige, mit karger Vegetation bedeckte Wüsten und Steppen, die nach der Überquerung des nördlichen Wendekreises, der das Land etwa in seiner Mitte durchschneidet, tropisch üppiger Flora Platz machen. Wo vorher nur karger Boden und nackter Fels das tiefe Blau des Ozeans säumten, wiegen sich nun Palmen und dampfen mit dichtem Regenwald bedeckte Berghänge.

Unmittelbar hinter einem schmalen Küstensaum erheben sich die Gebirgsketten der Ost- und Westkordilleren und trennen als natürliche Barrieren das Landesinnere vom Meer. Diese Gebirge – die sich am Pazifik entlangziehende Sierra Madre Occidental und die den Golf von Mexiko begleitende Sierra Madre Oriental – schließen

zwischen sich stark gefaltete Flächen ein, die Höhen von mehr als 2000 Metern erreichen. Im Süden werden sie von der Cordillera Neovolcánica abgeriegelt. Die sich anschließende Senke des Río Balsas, ein Teil des tektonisch bedingten Gran Valle del Sur, zieht die Trennungslinie zwischen dem zentralmexikanischen Hochlandsockel und der Sierra Madre del Sur. An der schmalsten Stelle des Landes, dem Isthmus von Tehuantepec, wo nur noch eine 200 Kilometer breite Landbrücke Pazifik und Atlantik trennt, findet der nordamerikanische Kontinent geologisch gesehen seinen Abschluß. Das südlich angrenzende Bergland von Chiapas gehört bereits zu den Formationen der mittelamerikanischen Gebirgsketten, die zum gewaltigen Massiv der Anden Südamerikas überleiten. Die als Halbinsel mit dem Festlandsockel verbundenen Regionen von Baja California und Yucatán nehmen, wie später noch erläutert wird, sowohl in geographischer Hinsicht als auch im Hinblick auf die Entwicklungsgeschichte eine Sonderstellung ein.

Einsamer Norden – Wüste, Canyons und Kakteen

Sonora – Mexikos Kakteengarten

Mexiko empfängt den Reisenden, der bei Nogales oder El Paso die Grenze überschritten hat, nicht mit den Klischees eines tropischen Ferienlandes, wie sie auf großen Farbpostern an den Wänden von Reisebüros zum Besuch animieren sollen. Im Gegenteil! Für den Autofahrer ist der Norden entlang der Ruta 45 die touristische Durststrecke durch eintönige Wildnis, die er am liebsten in Nonstop-Fahrt hinter sich brächte.

Die Landschaft, die in ihrem Aufbau den Hochflächen Arizonas gleicht, zeigt sich als eine weite, von Nord nach Süd ansteigende Ebene, die im Westen von der Sierra Madre Occidental begleitet wird. Trockenheit, kalte Winter und heiße Sommer ermöglichen nur spärliche Vegetation. Eine monotone, mit stacheligen Agaven, Säulenkakteen und Yuccas durchsetzte Strauchsteppe begleitet den Reisenden über viele hundert Kilometer.

Vorhergehende Abbildung:

40 Die genügsamen Esel finden auch in der trockenen Steppenlandschaft des Nordens noch ausreichend Nahrung.

41 bis 43 Erst der Blick aus der Nähe offenbart die Vielfalt des Lebens im wüstenhaften Norden. Winzige Kolibris umschwirren die Agaven auf der Suche nach Nektar. Unter einer stacheligen, ledernen Schutzhaut vermögen die Säulenkakteen in ihrem Gewebe Wasser zu speichern und so die Trockenperiode bis zum nächsten Regen zu überdauern, wenn sich zwischen den abweisenden Stacheln zarte Blüten entfalten.

Folgende Abbildungen:

44 bis 48 Auch an den Menschen stellt der Norden harte Anforderungen. In den Schluchten des Kupfer-Canyon haben sich die Tarahumara-Indianer (44 und 47) in bewundernswerter Weise den extremen Klimabedingungen angepaßt. Mit Windrädern oder Dieselmotoren betriebene Pumpen sind oftmals die einzige Möglichkeit, den tief unter der Erde liegenden Grundwasserspiegel anzuzapfen (45). Ist die Bewässerung gesichert, garantieren Sonne und Wärme reiche Ernten, wie hier auf Paprikafeldern in der nördlichen Küstenebene (46). Die ehemals dicht bewaldeten Westkordilleren liefern nicht nur Baumaterial für die hier lebenden Bewohner, sondern verführen auch zum Raubbau. In langen Güterzügen werden die geschlagenen Stämme abtransportiert (48).

Über 300 Arten dieser einzigartigen Gewächse sind in Mexiko beheimatet, und das Land ist damit der größte Kakteengarten der Welt. Die gewaltigsten unter ihnen, die mächtigen Säulen- und Kandelaberkakteen, von denen Exemplare mit einem stattlichen Gewicht von 15 Tonnen und einem Alter von 300 Jahren entdeckt worden sind, gehören zu den sogenannten Cereus-Arten. Auch die berühmte »Königin der Nacht« mit ihren weißen, nur nachts sich öffnenden Sternblüten zählt zu dieser Gattung. Am weitesten verbreitet aber sind die Opuntien, die sich zuweilen zu undurchdringlichen Wäldern zusammenschließen und von denen einige Arten, etwa die »Santa Rita«, bis zu drei Meter Höhe erreichen. Nicht weniger auffällig beherrschen die tonnenförmigen Igelkakteen die Trockenlandschaft des Nordens. Auch sie können übermannshoch werden und sollen ein Alter von 600 Jahren erreichen!

Casas Grandes – Architektur der Vergänglichkeit

Es ist kein Zufall, daß sich im Norden niemals eine bedeutende Zivilisation entwickeln konnte, obwohl die Anstöße zur Entfaltung der Hochkulturen immer wieder von nomadisierenden Chichimekenstämmen aus diesen Regionen in den Süden getragen wurden. Nur in Nuevas Casas Grandes, einer Adobe-Stadt am nordwestlichen Rand der Hochebene nahe der Grenze mit den USA, hat für kurze Zeit eine städtische Kultur geblüht. Wie aus der Anlage von Ballspielplätzen und Pyramiden zu schließen ist, hatte sie wohl auch lose Kontakte zu den Zivilisationen des Zentralen Berglandes. Der Grundriß der Stadt selbst hingegen, ein Komplex verschachtelter Räume, Gänge und Innenhöfe, zeigt deutlich den Stil der nordamerikanischen Pueblo-Siedlungen.

Der Norden Mexikos, zunächst Neu-Biscaya genannt, wurde nur sehr langsam von spanischen Einflüssen durchdrungen. Ermutigt durch die Erzfunde bei Zacatecas drangen Prospektoren, Erkunder von Bodenschätzen, allmählich in den nördlichen Teil der Kolonie vor, und auch die Missionare versuchten, die Region für das Christentum

zu erobern. Dennoch blieb Nordmexiko lange Zeit »Tierra de Guerra«, ein von Indianeraufständen bedrohtes und in seiner Entwicklung immer wieder zurückgeworfenes Kriegsgebiet am Rande des spanischen Machtbereichs. Die Stämme der Acaxees, Xiximes und vor allem der Tepehuane lehnten sich wiederholt gegen die Fremdherrschaft und die damit verbundene Zwangsarbeit auf und verwüsteten weite Landstriche dieser Pionierzone. Vom Jahr 1644 an wurden die Apachen zum Schrecken der Siedler und Soldaten. Gegen die schnellen berittenen Banden, die von Norden her weit ins Landesinnere vorstießen und den Viehraub zur Grundlage ihrer Existenz erhoben hatten, erwiesen sich die zum Schutz der Grenze angelegten Garnisonen als wirkungslos. Erst durch gezielte Verteilung von Alkohol gelang es, die Angriffslust der Indianer etwas zu bremsen, aber noch im 18. Jahrhundert konnten die Warentransporte auf der Straße Zacatecas – Durango – El Paso nur unter starker militärischer Bedeckung sicher ihr Ziel erreichen.

Zacatecas – Spaniens Tor nach Norden

Ausgangspunkt für die Erschließung des Nordens war Zacatecas, ein an der Ackerbaugrenze liegender Minenort, dessen Silbervorkommen bereits 1546 entdeckt worden waren und bald zu den ergiebigsten der Kolonie zählten. Ende des 18. Jahrhunderts soll ein Sechstel allen in der Welt umlaufenden Silbergeldes aus den Schächten von Zacatecas gekommen sein. Der Blick über das abendliche Lichtermeer der Stadt von der Felsspitze La Buffa aus zeigt eine wohltuende Abwechslung vom sonst üblichen schachbrettartigen Muster spanischer Kolonialstädte. Zwischen die erzführenden Bergzüge gedrängt, mußte sich die Ausrichtung der Häuser dem Relief unterordnen, wodurch ein aufgelockertes, vielgestaltiges Stadtbild mit steilen Straßen und an den Hängen emporsteigenden Wohnblocks entstand. An bevorzugter Stelle hat die Kathedrale ihren Platz und dokumentiert mit reich verzierter Fassade den damaligen Wohlstand der Bergbaustadt.

Einen Rückschlag erfuhr die Entwicklung

49 Der Reichtum der ehemaligen Silbermetropole von Zacatecas, Hauptlieferant der Spanischen Krone bis ins 18. Jahrhundert, spiegelt sich noch heute in der churrigueresken Fassade der 1752 fertiggestellten Kathedrale.

der nördlichen Landesteile mit Ausbruch der Unabhängigkeitskriege und des damit verbundenen Verfalls der militärischen Zentralgewalt gegen Mitte des 19. Jahrhunderts. Fast ungestraft konnten die nomadisierenden Reitervölker nun die Siedlungen und Gehöfte der Weißen überfallen, die Männer niedermachen und die Frauen mit ihren Kindern entführen, um sie ihren Stämmen einzugliedern. Einige der gefürchtetsten Apachenhäuptlinge sind aus den so erzwungenen Verbindungen hervorgegangen. Überdies geriet der Norden zwischen die Fronten landhungriger, westwärts ziehender Pioniere aus den USA und der schwachen, rasch wechselnden Regime im fernen Mexico City, die sich vergeblich um den Zusammenhalt des Territoriums bemühten.

Chihuahua –
nicht nur der Hunde wegen

Unter dem Druck amerikanischer Truppen, die 1847 in Chihuahua einmarschierten, mußten schließlich weite Teile Kaliforniens, Neu-Mexikos und Texas' an den mächtigen Nachbarn abgetreten werden, der im übrigen auch heute noch einen starken Einfluß auf Nordmexiko ausübt. Vorteile daraus zog vor allem Chihuahua, die bedeutendste Stadt dieser Region. Nicht von ungefähr erinnert sie mit ihren nüchternen Glas- und Betonfassaden eher an die Städte jenseits der Grenze des Río Grande als an einen Ort kolonialer Prägung. So erscheint auch die erst 1821 fertiggestellte Kathedrale fast wie ein Fremdkörper und nicht wie der zaghafte Beginn spanischer Kultur, die sich im Norden nie so recht hat durchsetzen können.

Kaum ein Tourist wird den weiten Weg in Kauf nehmen, nur um der Kirche einen Besuch abzustatten oder nach der berühmten Zwerghunderasse zu forschen, die hier längst nicht mehr gezüchtet wird. Chihuahua ist für die meisten nur ein Umsteigeort auf dem Weg in die zerklüftete Canyonlandschaft der Sierra Madre Occidental. Alle zwei Tage verläßt ein Zug den Bahnhof zu einer der großartigsten Eisenbahnfahrten der Erde. Durch 76 Tunnels und über 38 Brücken führt die Strecke durch das Gewirr der Canyons hinunter zum Pazifikhafen Los Mochis.

Canyon de Cobre –
die Schluchten der Tarahumara

Diese Welt der Schluchten, die bisher jedem Versuch verkehrstechnischer Erschließung widerstanden hat, ist von einem der bemerkenswertesten Indianerstämme, den Tarahumaras, als Lebensraum gewählt worden. Aufgrund der Abgeschlossenheit konnte sich dieser Stamm länger als andere indianische Gemeinschaften dem Zugriff der Spanier entziehen und so seine alten Sitten und Gebräuche bewahren. Nicht nur in ihrer Physiognomie lassen die Tarahumaras eine enge Verwandtschaft mit den Indianern Nordamerikas erkennen, auch ihre auf Sippenverbänden und Familiengemeinschaften basierende Lebensweise tief in den Canyons zeigt deutliche Parallelen zu einigen Stämmen Arizonas und New Mexicos. Die Zerrissenheit der Landschaft, die kaum ebenes Gelände aufweist und so den Ackerbau auf kleinste, oft weit auseinanderliegende Parzellen beschränkt, zwingt den Menschen zu einer Lebensweise in verstreut siedelnden Sippen und Familienverbänden. Nicht nur in abgelegenen Schluchten dienen natürliche Höhlen bis in unsere Zeit als Wohnraum, selbst in der Nähe größerer Ortschaften sind die Tarahumaras dieser Tradition treu geblieben und empfinden es durchaus nicht als Stilbruch, sich vom Taxi aus der Stadt zu ihrer Höhle fahren zu lassen. Zumeist sind ihre Behausungen jedoch nur auf weiten Fußmärschen zu erreichen. Aus dieser Not haben die Indianer eine Tugend gemacht – sie sind die wohl leidenschaftlichsten Langstreckenläufer der Welt, denen die olympische Marathon-Distanz nur ein Lächeln entlockt. Zum Oster- und Erntedankfest veranstalten sie Rennen, die über 200 Kilometer durch die Schluchten der Sierra Madre führen. Zwanzig Stunden und mehr sind die Läufer in schwierigem Gelände unterwegs und müssen ihren Weg durch die Dunkelheit im Schein lodernder Fackeln suchen.

Auf der Suche nach wertvollen Hölzern und Bodenschätzen dringt die moderne Welt trotz aller damit verbundenen Schwierigkeiten immer tiefer in das Gebiet vor, und auch der Tourismus unternimmt erste zaghafte Schritte. In Creel, einem kleinen

50 Die auf dem nordwestlichen Sierra-Madre-Plateau lebenden Tarahumara haben in Kultur und Physiognomie mehr Gemeinsamkeiten mit den nordamerikanischen Indianern als mit den übrigen Stämmen Mexikos.

Holzfällerort im Herzen des Tarahumara-Landes, stehen bereits komfortable Hotels, von denen aus Busse mit der Aufschrift »Kupfer-Canyon-Tour« den Besucher auf staubiger Piste zu den Barrancas, den Schluchten, fahren. Die berühmteste freilich, die Barranca de Cobre, gewaltiger und tiefer als der Grand Canyon in den USA, kann der Globetrotter nur aus dem Eisenbahnfenster erleben oder aber nach tagelangen strapaziösen Märschen auf Indianerpfaden, die das Gebiet der Tarahumaras wie ein Netz durchziehen.

Zwischen Meer und Wüste – Mexikos Nordwestküste

Auch der dem westlichen Gebirge, der Sierra Madre Occidental, vorgelagerte Küstensaum weist im Norden, nahe der amerikanischen Grenze, fast wüstenhafte Züge auf. Von spärlichen Gräsern, Dornengebüsch und gelegentlichen Kakteenbeständen durchsetzte Schuttebenen zeichnen ein monotones Bild und lassen den Wunsch zum Baden nicht recht aufkommen. Nur auf schlechten Wegen erreicht man die Strände des kalifornischen Golfs; erst in *Guaymas* nämlich berührt die Pazifikstraße die Küste. Der guten Verbindung ist es zu verdanken, daß sich entlang der Bucht von San Carlos, unweit der Industrie- und Hafenstadt Guaymas, Mexikos nördlichster Badeort entwickeln konnte, von dem sich vor allem US-Amerikaner angezogen fühlen.

Trotz aller Lebensfeindlichkeit der Wüste von Sonora war die nordwestliche Küstenregion in vorspanischer Zeit nicht nur die Heimat nomadisierender Jäger und Sammler. Ausgrabungen haben zahlreiche Reste bäuerlicher Siedlungen seßhafter Pueblo-Indianer ans Tageslicht gebracht, die in keinerlei Beziehung zu den Kulturen des mexikanischen Hochlandes gestanden haben. Erst südlich von Culiacán haben Tolteken und Azteken das Leben der Küstenbewohner geprägt. Zwischen den beiden Kulturkreisen lag zivilisatorisches Niemandsland, durchstreift von kriegerischen Nomadenstämmen, die schließlich die Pueblo-Dörfer des Nordens zerstörten. Der Untergang der südlichen Völker hingegen wurde erst durch die Ankunft der Spanier besiegelt. Dort, wo die

Flüsse von der Sierra Madre kommend das ganze Jahr über Wasser führten, war das Land dicht besiedelt und trug oasenhafte Züge, obwohl die künstliche Bewässerung unbekannt war. Für die Kolonialherren war diese Region, die den Namen Azatlán trug, willkommenes Jagdrevier zur Rekrutierung der für die Bergwerke und Gutshöfe benötigten Sklaven, die unbarmherzig ins Hochland deportiert wurden. Die restliche Bevölkerung dezimierten eingeschleppte Krankheiten wie Masern und Pocken, denen allein in den Jahren 1535/36 in Culiacán 135000 Indianer zum Opfer gefallen sein sollen: Damit hatte die einst blühende Kultur ihren Todesstoß erhalten.

Mazatlán – Paradies der Fischer und Angler

Wirtschaftliche Bedeutung gewann die pazifische Küstenzone erst durch den Fortfall der von Spanien auferlegten Handelsbeschränkungen, durch die der Kolonie nur Veracruz und Acapulco als internationale Häfen zugestanden worden waren. Diese Liberalisierung zog zahlreiche ausländische Handelshäuser an den Pazifik, darunter auch einige deutsche, die sich vornehmlich in Mazatlán niederließen. Die heute über 100000 Einwohner zählende Stadt hat sich zum wichtigsten Handelshafen der Pazifikküste und zum bedeutendsten Standort der mexikanischen Fischereiflotte entwickelt. Auch die Petrijünger aus den USA werden durch den Fischreichtum des tropischen Meeres angelockt. Im kleinen Becken des Jachthafens dümpelt die Flotte weißer Motorboote, durch eine lange Mole und einen leuchtturmbewehrten Felsen geschützt, und wartet auf dollarkräftige Kunden mit Bermuda-Shorts und Strohhüten, die in diesem Dorado der Angler auf den Fang ihres Lebens hoffen. Die Kette der Hotelneubauten entlang der nördlichen Peripherie der Stadt spricht für die Beliebtheit des am weitesten nach Norden vorgeschobenen Postens winterlicher Badefreuden, kaum drei Tage Autofahrt von den schneebedeckten Prärien des Mittleren Westens entfernt.

Südlich von Mazatlán, das knapp unterhalb des Wendekreises des Krebses liegt, verändert die Landschaft ihr Gesicht. Das

51 Im extrem trockenen Inneren Nordmexikos, wie hier in Viesca, hat der Wind den Sand zu bizarren Dünenformationen aufgetürmt.

trostlose Braun der Wüste und das Grau-
gelb der schütteren, sonnenverdorrten Vegetation weicht dem satten, üppigen Grün
tropischer Flora; Kokospalmen säumen nun
die Ufer der Lagunen, Mangrovendickichte
verwandeln die Flußmündungen in einen
Irrgarten verflochtener Stelzwurzeln, gegen
die träges Brackwasser klatscht. Inmitten
dieser amphibischen Welt liegt *San Blas*, ein
verschlafener Fischerort, in dem sich Globetrotter mit schmalem Geldbeutel ein Stelldichein geben und wie Zugvögel in tropischer Sonne überwintern.

Baja California – Mexikos ferner Westen

Noch im 18. Jahrhundert vertraute ein Mis-
sionar seinem Tagebuch an: »Alles was California betrifft ist von so geringer Bedeutung,
daß es sich kaum lohnt, einen Stift in die
Hand zu nehmen und darüber zu berichten.« Im Grunde genommen hat sich für die
meisten Menschen an dieser Einstellung bis
heute wenig geändert. Baja California – ge-
sprochen »Bacha Kalifornia« und zu
deutsch Niederkalifornien –, jene schmale,
1250 Kilometer lange Halbinsel, die sich von
der amerikanischen Grenze nach Süden erstreckt, führt touristisch gesehen noch immer ein Aschenputteldasein. Nicht einmal
verwaltungsmäßig ist sie den übrigen
30 Bundesstaaten gleichgestellt: Der südliche Teil – Baja California Sur – genießt als
Territorio nur eine lose Bindung zur Zentralregierung im fernen Mexico City. Aber
da sich damit für die Bewohner auch Zoll-
freiheit und eine gewisse wirtschaftliche Autonomie verbinden, ist darüber niemand
wirklich traurig.

Noch bis vor kurzem bedeutete Reisen in
Baja Begegnung mit dem Abenteuer. Den
wagemutigen Autofahrer erwarteten trüge-
rische Sandpisten und gefährliche Fluß-
durchfahrten, Wasserknappheit und manchmal Temperaturen von über 40 Grad im
Schatten.

Das echte Baja California beginnt erst etwas außerhalb Ensenadas an jener kleinen
Bretterbude, die mit einem Polizisten und
einem Zöllner besetzt ist: die erste Kontrolle auf lateinamerikanischem Boden. Ein ge-
langweilt in die Touristenkarte gedrückter

Stempel – und mit einer lässigen Handbewe-
gung wird der Reisende in die Wildnis ent-
lassen. Nicht jeder mag während der nächsten 1000 Kilometer auf seine Kosten kommen. Wer Disco-Sound und Nachtclubat-
mosphäre, Golfspielen und Fallschirmsegeln
erwartet, wäre besser in Tijuana geblieben
oder direkt nach Acapulco geflogen. Baja
California heißt in erster Linie Landschaft
und Natur – einsam, wild und weit.

Die zwischen knapp 50 und 232 Kilometer
breite Landzunge findet im Osten am Golf
von Kalifornien, im Westen am Pazifik ihre
Begrenzung. Geologisch gesehen bildet sie
die Fortsetzung des pazifischen Küstenge-
birges, von dem auch Kalifornien in seiner
gesamten Länge durchzogen ist. Aber erst
südlich der amerikanischen Grenze erheben
sich die Berge zu verschachtelten, bis zu
3000 Meter ansteigenden Höhenzügen, die
im Winter mit blauweißer Schneekappe weit
über das Land leuchten. Dazwischen eingeschlossen liegen flache Becken, in denen
sich die Kiesbetten meist ausgetrockneter
Flüsse winden. Unvorhergesehen kann allerdings auch einmal ein Tiefdruckgebiet bis
hierher ziehen und mit den herangeführten
dunklen, regenschweren Wolken einen Ge-
wittersturm entfachen. Dann steigt die Flut
in Minutenschnelle, und harmlose Rinnsale
werden zu reißenden Wildwassern. Spätestens dann begreift man, daß die Markie-
rungsstangen entlang der Straße und durch
Furten nicht nur dem Wunschdenken indianischer Regenmacher entspringen. Tagelang
kann das Land unter Wasser stehen und damit jegliche Verbindung zur Außenwelt un-
terbrochen sein. Doch dann erwacht die für
tot und unfruchtbar gehaltene Wüste mit einem Mal zu blühendem Leben. Überall
schießt das zarte Grün junger Gräser, der
»Brittlebusch« winkt mit hellem Gelb, das
Eisenkraut entfaltet purpurne Blüten, und
auch dem sonst so unscheinbaren Kugelkak-
tus sind bunte Farbtupfer aufgesetzt.

Im Zentrum der Halbinsel verliert die
Gebirgskette der Sierra Pedro Martir an
Höhe und taucht unter mächtige Lava-
decken, die durch die Kräfte der Erosion im
Verlauf von Jahrmillionen in eine Tafelberg-
landschaft von herber Schönheit verwandelt
wurden. Wohin das Auge blickt, überziehen
Kakteenformationen die Hügel und Senken.

52 Durch Bewässerung und Kultivierung haben die Missionare San Ignacio auf der Halbinsel Baja California in eine blühende Oase verwandelt.

Mit Baja besitzt Mexiko einen Garten, in dem Kakteensäulen, -kandelaber und -kugeln zusammen mit den schlanken, wie überdimensionale Pfeifenreiniger im Winde schwankenden Cirios eine fremdartige, verzauberte Welt entstehen ließen. Während der Trockenzeit wirft der bis zu 20 Meter hoch wachsende Cirio-Strauch seine kleinen Blätter ab und speichert die kostbare Feuchtigkeit unter einer zähen, wachsartigen Haut.

Kein Wunder also, daß bereits die frühen Entdecker dem unwirtlichen Land Legendäres anzudichten wußten. Wie es in dem mittelalterlichen Ritterroman »Las Sergas de Esplandián« heißt, sollte eine wunderschöne dunkelhäutige Königin mit dem betörenden Namen Califia hier »rechts von Indien, in unmittelbarer Nähe des irdischen Paradieses« über ihre glücklichen Untertanen herrschen. Wie sehr sie die Gemüter der damaligen Zeit beschäftigt hat, zeigt die Tatsache, daß eine ganze Provinz nach ihr benannt wurde: California. Bereits 1535 machte sich Cortés, der Eroberer Mexikos, auf den Weg nach Baja – wohl weniger auf der Suche nach der Amazonenkönigin als nach materiellen Schätzen, der Triebfeder spanischer Eroberungszüge. Er fand weder das eine noch das andere und kehrte enttäuscht zum Festland zurück, jedoch nicht, ohne einige Begleiter zum Bleiben überredet zu haben. Aber inmitten abweisender Landschaft und feindlicher Indianer hielten es die Kolonisten kein halbes Jahr in der neugegründeten Siedlung La Paz aus. Baja geriet langsam in Vergessenheit und erschien auf den Seekarten sogar wieder als Insel.

Die Straße der Missionen

Für 150 Jahre wurde der äußerste Westen der spanischen Kolonie erneut zur »terra incognita«. Erst den Missionsorden sollte gelingen, was den gold- und perlensuchenden Siedlern über 100 Jahre verwehrt geblieben war: die Gründung dauerhafter Niederlassungen. Bereits 20 Jahre nachdem der Jesuitenorden 1697 zur autonomen Verwaltung der Halbinsel ermächtigt worden war, gab es fünf Missionsstationen, von denen aus europäisches Kulturgut den Weg in die Wüste fand. Aber mit Bibel, Kreuz und Heilsver-

kündung kamen auch die Zivilisationskrankheiten in die Neue Welt. Tuberkulose, Pocken und Masern rafften die Eingeborenen schneller dahin, als die Patres taufen konnten, bis die Urbevölkerung schließlich nahezu ausgerottet war. Sie ist heute – im Gegensatz zum Festland – aus dem Bevölkerungsbild der Halbinsel so gut wie verschwunden. Nur noch rußgeschwärzte Höhlen und einfache Ritzzeichnungen in unzugänglichen Canyons erinnern an die Stämme der Paipais, Kiliwas oder Cucupás, die einst als freie Fischer, Jäger und Sammler die Wildnis durchstreift hatten.

Die uneingeschränkte Herrschaft der Jesuiten dauerte nur wenige Jahrzehnte. Dann begann der Staat um seine Autonomie zu fürchten und vertrieb den Orden aus ganz Lateinamerika. Franziskaner und Dominikaner teilten sich nun die Aufgabe der Bekehrung, bis die nach der erkämpften Unabhängigkeit auftretende Kirchenfeindlichkeit der Regierungen jegliche Missionstätigkeit der Mönche beendete.

Noch kann man vielerorts Relikte aus der Blütezeit kirchlicher Macht antreffen. Zahlreiche der im Vergleich zum Festland bescheidenen Kirchen und Missionsstationen – die meisten sind längst zu Ruinen verfallen – liegen heute fern der Hauptstraße inmitten unwirtlicher Natur und verdeutlichen, welchen Drang und welche Beharrlichkeit die Patres gehabt haben müssen, den rechten Glauben zu verbreiten. *San Borja* ist eine solche Station, über unsichere Piste und durch einsames Kakteenland nur schwer zu erreichen. Aber der mühevolle Weg lohnt sich. Tief im Tal gelegen und von steilen Tafelbergen umgeben, stellt diese Mission eines der schönsten Beispiele sakraler Baukunst in Baja dar. Abgebrannte Kerzen, verblichene Heiligenbilder und einige geopferte Münzen bekunden, daß die Kirche mit ihren verzierten Portalen bei den Gläubigen noch nicht ganz in Vergessenheit geraten ist.

Am malerischsten allerdings gibt sich die ebenfalls von Jesuiten gegründete Oase von *Mulegé*. Weit blickt man von der kleinen restaurierten Missionsstation über eine Dattelpalmenlandschaft, durch die sich schwarz und fast ohne Strömung ein Fluß dem Meer zuschlängelt. Wenn sich gegen Abend die Sonne auf steiler Bahn dem Horizont nähert

53 Die Dattelpalme, einst von den Jesuiten aus Afrika nach Baja California eingeführt, hat sich zum wichtigen Wirtschaftsfaktor vor allem der Ortschaft San Ignacio entwickelt.

und im Rot der Scheibe plötzlich die Zacken der fernen Berggrate sichtbar werden wie Scherenschnitte, wenn der Finger des Leuchtfeuers seine Wanderschaft über Meer und Land beginnt, dann versteht man die amerikanischen Pensionäre, die mit ihren Wohnmobilen den Blizzards in Alberta, Oregon und Ohio den Rücken gekehrt haben, um hier einen ungetrübten Winter zu verleben. Wie eine mittelalterliche Festung thront hoch über der Ortschaft das strahlend weiß getünchte Gefängnis, das wegen seiner stets offenen Zellentüren in ganz Mexiko berühmt ist. Tagsüber dürfen sich die Häftlinge in der näheren Umgebung frei bewegen, erst gegen Abend ruft sie die Sirene in ihre Zellen zurück. Die Insassen wissen um den Wert dieses Privilegs und hüten sich davor, es zu mißbrauchen.

Von großen und kleinen Fischen

Die wenigsten Besucher aus den USA sind an Bajas Landschaften interessiert. Ihre ganze Liebe gilt dem Fischen, ein Volkssport, der besonders in den USA viele Anhänger hat. Und in der Tat können es nur wenige Küstenregionen der Erde mit den Gewässern um Baja aufnehmen. Allein im Golf von Kalifornien wurden bisher fast 600 Fischarten gezählt. Oft kann man vom Strand aus die blau-schwarzen Rücken der Finnwale ausmachen, die in Schulen von zehn oder zwanzig Tieren auf der Suche nach Krebstierchen das tiefblaue Meer durchfurchen. Auch Haie finden im warmen und fischreichen Golf ideale Lebensbedingungen, ebenso die eleganten Schwertfische, begehrte Trophäe jedes Hochseeanglers. Die Hauptstraße berührt auf ihrem Weg nach Süden immer wieder die Küsten von Pazifik oder Golf und bietet damit genug Gelegenheiten zu Abstechern ans Meer. Folgt man einem der kleinen Pfade, die sich über Stock und Stein zum Strand hinabwinden, stößt man am Ende unweigerlich auf ein »Fishing camp«. Eine kleine verschworene Gemeinschaft von Petrijüngern erwartet den Neuankömmling und mustert ihn argwöhnisch. Erst wenn sie sich vergewissert haben, daß kein Aluminiumboot auf dem Wagendach liegt, keine überlangen Gummistiefel und Angelruten im Wagen verstaut

sind, hellen sich die Gesichtszüge auf. Dann entdecken sie auch ihre Gastfreundschaft, und bei einer halbgefrorenen Dose Bier schwärmen sie vom »blue marlin«, »sailfisch« und »yellowtail«, die gerade an diesem nur ihnen bekannten Platz besonders groß und wild sind, leider aber im letzten Moment vom Hai gefressen wurden oder sich vom Haken losgerissen haben.

Die größten Fische vor Bajas Küste aber bleiben vom Jagdfieber der Gringos verschont. Ungestört und streng geschützt können die Grauwale während der Wintermonate in den seichten Buchten ihren Nachwuchs aufziehen. Statt Walfänger mit Harpunen, die im 19. Jahrhundert fast zur Ausrottung der Wale geführt haben, liegen nun die Touristen mit Ferngläsern und Kameras vor allem am Rande der Lagunen von *Guerrero Negro* auf der Lauer, um das einmalige Naturereignis hautnah zu erleben.

Im Herzland der Azteken

Seit Jahrtausenden schlägt das Herz Mexikos in den Hochebenen des Zentralen Berglandes, in *Anáhuac*, »am Rande des Wassers«, wie die Azteken ihre Heimat bezeichneten. Diese auch Meseta Central genannte Hochfläche zieht sich von den westlichen Hängen der Sierra Madre Oriental nahe der Golfküste bis zu den zerklüfteten Ketten der Sierra Madre Occidental. Im Süden werden die bis auf über 2000 Meter ansteigenden Hochländer von der Sierra Neovolcánica begrenzt, einem mit schneebedeckten Vulkanen besetzten Gebirgsriegel. Nach Norden hingegen ist die Landschaft offen und geht mit Abnahme der Niederschläge allmählich in die wüstenhaften Weiten Nordmexikos über. Entstanden ist das Hochland von Anáhuac durch vulkanische Aktivitäten, die mit Lava, Tuff und Bims die Falten des Rumpfgebirges zugeschüttet und das so eingeebnete Gebiet mit einer Vielzahl von Vulkankegeln übersät haben.

Pátzcuaro und Chapala – vulkanische Seenlandschaft

Wie ein riesiger blinkender Spiegel schmiegt sich der 2000 Meter hoch liegende Pátzcua-

54 Die Küsten Baja Californias und Nordmexikos sind zum Eldorado vornehmlich nordamerikanischer Petrijünger geworden, die den »Kampf« mit dem Schwertfisch als sportliches Abenteuer sehen und ihre Trophäen am Hafen zur Schau stellen.

Folgende Abbildung:

55 El Estribo, hoch über dem Pátzcuaro-See gelegen, gehört mit seinem einzigartigen Blick auf die Insel Janitzio zu den beliebtesten Ausflugszielen der Einheimischen.

ro-See in die Gebirgswelt der Meseta Central. Die Erwartungen, noch unberührte Natur vorzufinden, die der Blick von der steilen Felskante des El Estribo erweckt, werden jedoch beim Näherkommen etwas gedämpft. Souvenirbuden beherrschen den Anlegesteg, fliegende Händler beschwatzen Touristen, Kinder betteln um Pesos. Auch die mitten im See liegende Insel Janitzio hat ihre Traditionen ganz in den Dienst des Tourismus gestellt. Nur noch gegen harte Dollars entfalten die Fischer ihre malerischen Schmetterlingsnetze vor den Besucherbooten; zum Fischfang bedienen sie sich längst modernerer Methoden. Die Handarbeiten dieser von den Tarasken-Indianern bewohnten Region zählen allerdings zu den begehrtesten Andenken für viele Mexiko-Reisende. Kunstvoll gewebte Tücher und Decken, aber auch Töpferwaren und Lackarbeiten zeugen vom hohen Niveau der taraskischen Volkskunst, der im Städtchen Pátzcuaro ein eigenes Museum gewidmet ist. Am 1. November verwandelt sich der Friedhof der Insel anläßlich des Allerseelenfestes in ein Meer aus flackernden Kerzen, wenn die Frauen in einer halb christlichen, halb heidnischen mitternächtlichen Prozession mit Opfergaben zu den Gräbern der Verstorbenen ziehen.

Der Lago Pátzcuaro ist nicht der einzige See im Hochland. Die rege vulkanische Tätigkeit hat immer wieder abflußlose Becken entstehen lassen, die das Wasser zahlreicher kleiner Flüsse sammeln und damit schon früh Siedler anzogen. Als größtes Binnengewässer des Landes füllt der 80 Kilometer lange und 16 Kilometer breite Chapala-See eine tektonische Senke der Sierra Neovolcánica. Um Neuland für die stark anwachsende Bevölkerung zu gewinnen, hat man den einzigen Zufluß, den Río Lerma, angezapft und dadurch den Wasserspiegel des ohnehin nur knapp fünf Meter tiefen Sees gesenkt. Der erhoffte Erfolg blieb jedoch aus; die vom zurückweichenden Wasser freigegebenen Böden erwiesen sich für die Landwirtschaft als zu salzhaltig. Ob den Chapala-See das gleiche Schicksal erwartet wie den heute völlig zugeschütteten Texcoco-See, der zur Zeit der spanischen Eroberung die Hauptstadt der Azteken umgab, ist ungewiß. Noch gehört der Chapala-See zu

den bevorzugten Ausflugszielen der Bewohner der nahe gelegenen Millionenstadt Guadalajara. Das frühlingshafte, milde Klima des 1500 Meter hoch liegenden Gewässers verlockt immer mehr Pensionäre aus den USA, hier die Wintermonate in Abgeschiedenheit zu verbringen.

Guadalajara –
Großstadt mit kolonialem Charme

Vom beschaulich trägen Leben der Fischerdörfer rings um den Chapala-See ist es nur ein kleiner Sprung in das Verkehrsgewühl Guadalajaras, der zweitgrößten Stadt Mexikos. Bereits 1532 wurde sie als Espíritu Santo gegründet, mußte aber im Verlauf der nächsten acht Jahre wegen wiederholter Indianerüberfälle zweimal verlegt werden. Erst 1540 erhielt die Siedlung ihren endgültigen Platz und auch ihren heutigen Namen. Er geht auf den Gründer der Stadt, Nuño de Guzmán, zurück, der sie in Erinnerung an die ferne Heimat nach seinem Geburtsort in Spanien benannte. Begünstigt durch die Lage am Hauptverbindungsweg zwischen Hochland und Pazifik gewann die Niederlassung schnell an Bedeutung und stieg schon im 16. Jahrhundert zur Distrikthauptstadt, später sogar zur Metropole des Staates Jalisco auf. Früher als die Hauptstadt Mexico City konnte Guadalajara auf eine Kathedrale verweisen, die nach wenig mehr als fünfzigjähriger Bauzeit bereits 1618 eingeweiht wurde. Die heutigen Türme wurden allerdings erst 1848 errichtet, nachdem ein Erdbeben die ursprüngliche Konstruktion vernichtet hatte. Der 1774 errichtete Palacio de Gobierno hingegen beweist durch seine churriguereske Barockfassade, daß die mexikanische Architektur des 18. Jahrhunderts zu ihrem eigenen Ausdruck gefunden hatte. José Clemente Orozco, einer der großen Wandmaler des Neorealismus unseres Jahrhunderts, wußte das barock gestaltete Treppenhaus dieses Kolonialgebäudes in meisterhafter Manier in die Komposition seines überdimensionalen Freskos von Tod und Verderbnis des Freiheitshelden Pater Hidalgo einzubeziehen.

Mit der zunehmenden Verstädterung des Landes schwindet auch der koloniale Charme Guadalajaras unaufhaltsam. Uniforme,

56 Guadalajara, die zweitgrößte Stadt Mexikos, versteht es geschickt, kolonialen Charme mit modernen Lebensformen zu verschmelzen.

schmucklose Wohnblocks und moderne Hochhäuser legen sich wie ein Würgegriff um den alten Stadtkern. Zuckerfabriken, Mühlen und Brauereien säumen die Peripherie und verändern das Gesicht der Stadt immer mehr von der Metropole der Maler und Dichter zu einem Zentrum industrieller Produktion. Nur mit viel Glück wird der Besucher dem »Jarabe tapatío«, dem in dieser Stadt geborenen Nationaltanz Mexikos, beiwohnen können. Hierbei bewegen sich die Tänzer, bekleidet mit der Tracht der Charros, anmutig in einem großen Kreis, immer darauf bedacht, bei den Tanzfiguren den gleichen Abstand zu ihrem Partner zu wahren. Einen nachhaltigen Eindruck des regionalen Kunsthandwerks vermittelt ein Besuch der Vororte *Tlaquepaque* und *Tonalá*, in denen zahlreiche Galerien und die großen Wochenendmärkte die Erzeugnisse der Glasbläserkunst und Töpferei feilbieten.

Guanajuato – Zauber vergangener Größe

Nicht allen Städten Mexikos wurde das Glück Guadalajaras zuteil, die Bedeutung über Jahrhunderte hinweg behaupten oder sogar ausbauen zu können. Manche Ortschaft, die während der Kolonialzeit Macht und Reichtum anhäufte, ist heute in Vergessenheit geraten oder in eine untergeordnete Rolle gedrängt worden. Vor allem zahlreiche Bergbauorte haben dieses Schicksal erlitten. Die Entdeckung erzhaltiger Lagerstätten hatte einst Tausende von Glücksrittern und Abenteurern in die entlegensten Regionen der Sierras gelockt und fast über Nacht Großstädte aus dem Boden wachsen lassen. Flossen dann Silber und Gold spärlicher, begannen der große Exodus und die Jagd nach dem Glück in anderen Landstrichen. Kirchen und Villen zerfielen, die Stadt verarmte, und die wenigen Menschen, die blieben, versuchten, sich mit Landwirtschaft durchzuschlagen oder gruben unverdrossen weiter nach neuen blinkenden Erzadern.

Die Stadt Guanajuato mag als Beispiel dienen. Als die Spanier in den sich bis zu 2900 Meter emportürmenden Gebirgszügen, die das Tal des Flüßchens Cañada de Marfil einrahmen, im Jahr 1554 Silber entdeckten, war es mit der besinnlichen Ruhe

vorbei, die der Tarasken-Name Quanaxchuato, Hügel der Frösche, suggerierte. Bald folgten die Häuser dem engen Tal für viele Kilometer und zogen sich die Hänge hinauf, was so ganz gegen die Regel der sonst üblichen schachbrettartigen Stadtanlagen verstieß. Die steilen Gassen, Winkel und Ecken führen noch heute den Besucher leicht in die Irre. Eine Übersicht über die verworrene Geographie Guanajuatos bietet der Blick von der Balustrade des Hausbergs im Stadtzentrum, von dem auch die überlebensgroße Statue des Freiheitshelden Juan Martínez, genannt El Pípila, mit heroischer Gebärde das Geschichtsbewußtsein der Bevölkerung wachhält. Es war im Jahre 1810, als der Bürger Guanajuatos das Tor der massiven Alhóndiga de Granadita anzündete, hinter deren Mauern sich die Spanier verschanzt hatten, und damit den Weg für die Patrioten freimachte. Allerdings bemühte sich Pater Hidalgo, der Anführer der Unabhängigkeitsbewegung, vergeblich, das darauf erfolgende Massaker unter den Königstreuen abzuwenden, das einen düsteren Schatten auf den Freiheitskampf warf. Als Hidalgo ein Jahr später mit seinen Getreuen Allende, Aldama und Jiminez in Chihuahua hingerichtet wurde, stellte man ihre Köpfe als Rache und zur Abschreckung zehn Jahre lang an den vier Ecken des Gebäudes zur Schau. Die blutigen Zeiten sind längst vorbei und der ehemalige, zur Festung ausgebaute Getreidespeicher einer friedlichen Bestimmung als Museum zugeführt.

Der Erschöpfung der Silberminen und dem damit verbundenen wirtschaftlichen Niedergang ist es zuzuschreiben, daß Guanajuato den Sprung ins 20. Jahrhundert verpaßt hat, so aber sein koloniales Milieu bewahren konnte und sich dadurch heute zu den schönsten Städten Mexikos zählen darf.

San Miguel de Allende – das Künstlerdorf am Río Leja

Kopfsteingepflasterte Gassen, die steil den Berg emporsteigen, koloniale Fassaden, die hinabblicken aufs Tal, bilden den äußeren Rahmen dieser stimmungsvollen Kolonialstadt, nur einige Autostunden entfernt von der Hektik der Metropole. Schon 1542 wur-

57 Mit ihrem vielfältigen Angebot bieten die Märkte Mexikos, wie hier in Guadalajara, exotische Genüsse für Auge und Gaumen gleichermaßen.

Folgende Abbildung:

58 Der Blick aus der Vogelperspektive auf die alte Silberstadt Guanajuato offenbart den unwiderstehlichen Reiz dieser einzigartigen Kolonialstadt und läßt vergessen, daß sie in der blutigen Revolution von 1810 eine zentrale Rolle gespielt hatte.

de der Ort unter dem Namen San Miguel gegründet und erhielt erst später den Zusatz Allende. Zwar verbirgt sich hinter diesem Sohn der Stadt einer der bedeutenden Freiheitskämpfer des Landes, ansonsten aber liegt über den Straßen und Plätzen das Flair einer friedvollen, fast kulissenhaft anmutenden Bilderbuchstadt, an der die blutigen Seiten der mexikanischen Geschichte spurlos vorübergegangen zu sein scheinen.

Wen wundert es, daß schon seit geraumer Zeit zwischen den pittoresken Winkeln, den farbigen Fassaden, den herrschaftlich strengen Palästen mit ihren wuchernden Blumenpatios Maler aus aller Welt ihre Motive suchen? Mit dem weithin anerkannten »Instituto Allende« wurde ihnen schon 1937 ein Forum für gemeinsame Arbeit eröffnet, das nicht nur zum Anwachsen der Künstlerkolonie führte, sondern San Miguel auch einen wichtigen Platz in der lebhaften Kunstszene des Landes einräumte. Die Behörden haben den Wert dieses kleinen kolonialen Juwels längst erkannt und das ganze Städtchen unter Denkmalschutz gestellt. Romantisches Ambiente und frühlingshaftes Klima haben zu einem invasionsartigen Zustrom amerikanischer Staatsbürger geführt, die heute bereits über die Hälfte der Bewohner ausmachen.

Taxco – Stadt des Silbers

Die Krone unter den Kolonialstädten beansprucht aber ohne Zweifel die alte, ebenfalls denkmalgeschützte Silbermetropole Taxco, wobei die verkehrsgünstige Lage an der Schnellstraße Mexico City – Acapulco eine sicherlich nicht unerhebliche Rolle spielt. Auch hier dominiert das vielen Bergbauorten eigene unregelmäßige Stadtbild, das allein vom geographischen Relief bestimmt wird. Die Silbervorkommen des kleinen Indianerdorfes Tlachco waren zwar schon dem Eroberer Cortés bekannt, zum wichtigsten Bergbauort stieg Taxco aber erst nach Ankunft von José de la Borda auf, einem Franzosen, der 1716 in die Stadt kam und die ersten Stollen in die Berghänge der Sierra Neovolcánica trieb.

Daß Taxco bis heute die Hochburg der Silberverarbeitung in Mexiko geblieben ist, verdankt es der Initiative des Amerikaners William Spratling. Bald nach Eröffnung der Straßenverbindung mit Mexico City in den dreißiger Jahren erweckte er die Kolonialstadt aus ihrem Dornröschenschlaf, indem er Silberschmiede aus Iguala anwarb und damit die alten Traditionen neu belebte. Seither sind Tourismus und Silberschmuck eine für die Stadt höchst profitable Verbindung eingegangen und stellen jeden Besucher vor die kaum zu lösende Aufgabe, aus dem unübersehbaren Angebot der Ringe, Broschen und Armreifen eine Wahl treffen zu müssen.

Überragt wird der malerische Ort von den Zwillingstürmen der Pfarrkirche Santa Prisca, die als eines der schönsten Beispiele des churriguereesken Stils gilt, als vollendete Umsetzung der Silberschmiedekunst in Stuck und Stein. La Borda hatte dieses Prunkstück der barocken Architektur aus Dankbarkeit für seine Glückssträhne errichten lassen. Ein Anrecht auf weiteren Reichtum sicherte er sich mit diesem gottgefälligen Werk allerdings nicht. Gegen Ende seines Lebens geriet der Bergbauingenieur in tiefste Armut. Nur die Erlaubnis des Erzbischofs zum Verkauf einiger gestifteter Goldarbeiten ermöglichte la Borda einen geruhsamen Lebensabend.

Xochicalco – das Haus der Blumen

Obwohl »das Haus der Blumen«, wie die Azteken die Tempelanlage von Xochicalco nannten, nur 30 Kilometer abseits der stark befahrenen Touristenstraße Mexico City – Cuernavaca – Taxco liegt, finden nur wenige Reisende den Weg hierher, wo sich an den Ausläufern des Vulkans Ajusco, 150 Meter über der weiten, einsamen Hochebene, eine der interessantesten Ruinenstädte des alten Mexiko erhebt.

An einem Knotenpunkt der großen präkolumbianischen Handelsrouten gelegen, gilt Xochicalco bei den Archäologen als Beweis für den Austausch und die Verschmelzung kultureller Ideen der verschiedenen Hochkulturen. Bereits im vierten oder fünften Jahrhundert wurde damit begonnen, ein System stufenartig angeordneter Terrassen anzulegen und die Kuppe des Berges abzutragen, um Platz für die Tempel zu schaffen. Zwischen dem Niedergang Teotihuacáns

59 bis 61 Das sich südlich von Mexico City an die Berghänge schmiegende Taxco gehört mit seinem kolonialen Flair zu den bevorzugten Reisezielen Zentralmexikos und genießt als Hochburg der Silberschmiedekunst weltweiten Ruhm. Die Indios der Umgebung hoffen, mit dem Angebot einheimischer Volkskunst ein wenig vom Einkaufsrausch der Besucher zu profitieren.

und dem Aufstieg Tulas erlebte Xochicalco seine Blütezeit und wuchs zu einem religiösen Mittelpunkt heran, vielleicht zu einem Wallfahrtsort, an dem die Völker der unterschiedlichen Kulturkreise gemeinsam den Göttern huldigten.

Als erster hat Alexander von Humboldt (1769–1859) in seinem Werk »Pittoreske Ansichten der Kordilleren« die Ruinenstadt beschrieben, obwohl er sie nie mit eigenen Augen gesehen hatte. »Die Reisenden, welche diese Werke der Ureinwohner von Amerika in der Nähe untersucht haben, können sich nicht genug über die Politur und das Behauen der Steine, über die Sorgfalt, mit der solche aneinandergefügt worden sind, ohne daß die Fugen mit Mörtel ausgefüllt wären, und über die Reliefs an den Absätzen wundern«, schrieb der große deutsche Naturwissenschaftler Mitte des vergangenen Jahrhunderts und lenkte damit das Interesse der Forscher auf dieses präkolumbianische Kulturzentrum an der südlichen Abdachung der Meseta Central.

Gerade dieser frühe Bericht über Xochicalco macht deutlich, welche Fortschritte die Archäologie in den vergangenen 150 Jahren gemacht hat. Humboldt hielt die auf den Reliefs dargestellten Reptilien noch für wasserspeiende Krokodile und wunderte sich, »daß der Architekt statt Tiere und Pflanzen, welche bergbewohnenden Völkern bekannt sind, zu wählen, zur Verzierung dieser Reliefs die riesenförmigen Geschöpfe der heißen Zone ausgesucht hat«. Heute wissen wir, daß es sich nicht um Krokodile handelt, sondern um Quetzalcóatl, den Gott der gefiederten Schlange (quetzal = Vogel, cóatl = Schlange). Damit ist aber auch schon der eindeutige Bezug zum nördlichen Kulturkreis von Teotihuacán und Tula gegeben, wo diese Gottheit eine führende Rolle spielte. Die Priesterfiguren wiederum, die, mit gekreuzten Beinen zwischen den Windungen der Quetzalcóatl-Darstellung sitzend, aus dem Stein modelliert wurden, deuten auf die Mayas im fernen Yucatán. Im achten Jahrhundert geriet Xochicalco unter den Einfluß der Tolteken und verwandelte sich nun von einer offenen Tempelstadt, wie sie für die theokratische Ära kennzeichnend war, zu einer von terrassenförmigen Wehranlagen umschlossenen Festung.

Die Tolteken – Menschen mit Kultur

Aber nicht nur in Xochicalco, überall in der Mesa Central stößt man auf die Hinterlassenschaften früherer Völker, deren Werdegang nicht zuletzt auch der Oberflächengestalt des Landes unterworfen war und von ihr wesentlich mitbestimmt wurde. Weder schroffe Berge noch Täler, breite Ströme oder unüberwindliche Sümpfe behinderten den Zugang von Norden her und ließen damit das Gebiet zu einer natürlichen Durchgangszone für die von Nord nach Süd gerichteten Völkerwanderungen werden. So ist dann auch die Geschichte der Hochlandkulturen überschattet vom Aufeinanderprallen nomadisierender Stämme primitiver Lebensweise mit seßhaften, höher entwickelten Völkern – ein Konflikt, wie er uns auch aus anderen Kulturkreisen, vor allem dem Orient, bekannt ist.

Tolteken, Menschen mit Kultur, nannte sich der Stamm, der im achten Jahrhundert antrat, ein weiteres Kapitel in der Geschichte des Landes aufzuschlagen. Sein Wirkungskreis umfaßte die heutigen Staaten Tlaxcala, Hidalgo, Morelos, Puebla und Sinaloa, später auch Yucatán und Chiapas. 856 gründeten die Tolteken ihre Metropole Tollán, die Stadt der Binsen, in hügeliger Landschaft am Fluß Tula, 70 Kilometer nördlich von Mexico City.

Die Tolteken waren nicht über Nacht zur führenden Nation aufgestiegen, sondern hatten sich in einem lang andauernden Prozeß diese Position erkämpfen müssen. In der ersten Phase standen die Einwanderer sicherlich noch unter dem Einfluß Teotihuacáns, dessen Geist auch nach der Zerstörung der Stadt noch in kleineren Zentren wie Xochicalco, Chalco und Azcapotzalco weiterlebte. So weist die Religion der Tolteken mit der Verehrung des Regengottes Tlaloc und des Urelternpaares von Feuergott Ometecuhtli und Erdgöttin Omecíhuatl deutliche Parallelen zu den vergangenen Theokratien auf. Dennoch ist heute erwiesen, daß die Tolteken nicht nur ein anderer Volksstamm waren als die Teotihuacános, sondern auch eine eigene Kulturtradition besaßen, die mit derjenigen ihrer Vorgänger verschmolz. Mit der Einführung einer neuen Sprache, des Nahuatl, die von nun an zum

62 Trotz zunehmender Wasserverschmutzung nutzen die Frauen auf dem Lande nach wie vor die Flüsse für die große Wäsche, zumal der Waschtag eine wichtige soziale Komponente in den dörflichen Alltag bringt.

beherrschenden Dialekt des Hochlandes wurde, lieferten sie einen weiteren wichtigen Beitrag zur Fortentwicklung der Zivilisation. Zur zentralen Gestalt wurde Quetzalcóatl, der schöpferische, weise Gott, der in mancherlei Gestalt auftrat und dessen Symbol, die gefiederte Schlange, uns in vielen Tempelanlagen Mittelamerikas begegnet. Er verkörperte das friedliche Prinzip, den Tugendhaften, den Gegner von Krieg und Menschenopfern. Ihm zur Seite gestellt war Tezcatlipoca, der rauchende Spiegel, Verkörperung des Bösen, Zerstörerischen, das Menschenopfer forderte und den Krieg zum Lebensinhalt erhob.

Die zweite Phase toltekischer Kulturentwicklung stand ganz im Zeichen dieses Dualismus und gipfelte in der dramatischen Auseinandersetzung der beiden Prinzipien gegen Ende des zehnten Jahrhunderts, als sich der Priesterkönig Topiltzin den Beinamen Quetzalcóatl gab, um eindeutig die Richtlinien seiner Herrschaft festzulegen. Die Falken jedoch, symbolisiert durch Tezcatlipoca, gingen als Sieger aus diesem Machtkampf an der Spitze der toltekischen Hierarchie hervor. Topiltzin-Quetzalcóatl mußte Tollán verlassen, der Grundsatz von Krieg und Gewalt hielt Einzug in die Hauptstadt der Tolteken, der Einfluß der theokratischen Epoche schwand, und die Sonne des »fünften Zeitalters« verlangte immer mehr Menschenopfer.

Der entmachtete Priesterkönig zog mit einer Schar Getreuer nach Süden, um schließlich, der Legende nach, im Land der aufgehenden Sonne den Opfertod in den Flammen zu sterben und als Morgenstern emporzusteigen. In diesem »religiösen Epos«, schreibt Paul Westheim, »ist der Held [...] der Priesterkönig der Tolteken, der Wohltäter seines Volkes, der strahlend eingeht in die Reihe der Gottheiten, die vom Firmament herab die Geschicke der Welt und der Menschen lenken«. So tief war der Glaube an die Wiederkehr dieses mexikanischen Messias im Volk verwurzelt, daß selbst fünfhundert Jahre nach diesem legendären Ereignis für die Azteken kein Zweifel daran bestand, daß mit der Landung der fremden Schiffe im Jahre der erwarteten Rückkunft des Erlösers der Gott der gefiederten Schlange sein Versprechen wahr gemacht

hatte – ein folgenschwerer Irrtum, wie sich nur zu bald herausstellen sollte.

Tatsächlich war Topiltzin-Quetzalcóatl damals aber wohl zum Golf von Mexiko gezogen und weiter auf dem Seeweg nach Yucatán, wo sich um das Jahr 900 toltekischer Einfluß bemerkbar machte, unter dem sich die Kultur der Mayas zu neuer Blüte entfaltete.

Das so geschwächte Reich der Tolteken vermochte den anbrandenden Horden chichimekischer Krieger auf Dauer nicht zu widerstehen. 1168 zerstörten und plünderten die einfallenden Barbaren Tollán, die einst so stolze Hauptstadt der Tolteken; die Einwohner wanderten ab und ließen sich in Colhuacán, heute Culiacán, und Cholula nieder, wo toltekische Elemente, insbesondere die Sprache, mit altüberlieferten olmekischen Traditionen eine neue Verbindung eingingen.

Die von ihrem legendären Führer Xólotl geleiteten Chichimeken gründeten nach der Zerschlagung des Toltekenreiches um 1224 ihre Hauptstadt Tenayuca und zogen schließlich nach Texcoco weiter, wo sie unter mixtekischem Einfluß Schrift und Kalender übernahmen. Aber die Kraft, ein neues Großreich nach toltekischem Vorbild zu gründen, fehlte ihnen. Die schwindende Macht der Zentralregierung von Texcoco ließ kleine Fürstentümer heranwachsen, die in ständigem Krieg miteinander lebten, bis sich die Tepanaken im Kampf um die Hegemonie durchsetzen konnten. Schließlich mußten aber auch sie sich dem neuen Stamm der Azteken beugen, denen es als letztem Volk vor Ankunft der Spanier vergönnt war, das Land unter ihrer Herrschaft zu einen.

Tula – Tempel der gefiederten Schlange

Mit dem Aufstieg der Tolteken hatte sich in Mexiko ein neues Weltbild durchgesetzt, das im Zeichen von Militärgewalt, Verherrlichung des Krieges, Unterwerfung und Tributpflicht stand. Nicht mehr der lebenspendende Regengott verkörperte die Religion, sondern kriegerische Astralgottheiten, symbolisiert durch Jaguar und Adler. Im Kunstschaffen tritt dieses kriegerische Moment

63 Wie diese Tarasken-Indianerin vor dem Portal der Kirche von Uruapan hat sich die Urbevölkerung der katholischen Religion zugewandt, auch wenn sich in die tiefe, vom Abendland verordnete Gläubigkeit hin und wieder präkolumbianische Elemente mischen.

besonders klar zutage, vor allem in Tollán, der ehemaligen Hauptstadt.

Erst im 19. Jahrhundert wurden die Ruinen der Tempelanlagen am Stadtrand von Tula de Allende entdeckt; 1940 begannen die Forscher den Spaten anzusetzen und damit Licht in die Vergangenheit dieses bis dahin wenig bekannten Volkes zu bringen.

Im Gegensatz zu Teotihuacán, das entlang einer Achse aufgebaut ist, sieht sich der Besucher in Tula, wie Tollán heute genannt wird, einer zentralen, befestigten Stadtanlage gegenüber, die einmal mehr als 30 000 Bewohner in ihren Mauern beherbergt hat. Da die Wohnhäuser jedoch aus luftgetrockneten Lehmziegeln errichtet waren, ist der Wohnkomplex wieder zu Staub zerfallen, so daß sich die Relikte heute auf den Tempelbezirk beschränken, den religiösen Mittelpunkt der Metropole. Um einen quadratischen Hauptplatz gruppieren sich die Gebäude in strenger Ordnung und erinnern damit ein wenig an Monte Albán in den Bergen Südmexikos. Bedeutende Reste sind allein vom Morgensterntempel erhalten, einer fünfstufigen Pyramide, die früher von einem Heiligtum gekrönt wurde. Die schweren hölzernen Tragbalken, auf denen das Dach ruhte, wurden von Säulen gestützt, einem Bauelement, das die Tolteken in die Architektur Mittelamerikas eingeführt haben. Neben die Pyramide trat in Tula erstmals die von Säulen getragene Halle und eröffnete der präkolumbianischen Baukunst neue, bis dahin unbekannte räumliche Perspektiven.

In mühsamer Kleinarbeit sind vier der Säulen wieder zu ihrer alten Form zusammengesetzt und als Wahrzeichen der Ruinenstadt auf ihrem ursprünglichen Platz, der Plattform der Tempelpyramide, aufgestellt worden. Die toltekischen Künstler haben diesen Dachträgern die Gestalt verschlossen blickender Krieger verliehen, denen jede menschliche Regung fremd scheint. In ihren Händen halten die 4,60 Meter hohen »Atlanten« die Insignien des Krieges: Speer, Krummschwert und Schleuder. Ihr Brustschmuck hat die Gestalt eines stilisierten Schmetterlings, das Symbol des Planeten Venus und der Seele der verstorbenen Krieger. Wahrscheinlich stellen die Monumentalfiguren, die wie Gralshüter einer versunkenen martialischen Kultur weit über die

Ebene von Tula blicken, nicht nur einfache Vertreter des Kriegerstandes dar, sondern versinnbildlichen Quetzalcóatl in Gestalt des Morgensterngottes Tlahuizcalpantecuhtli, der der Sonne vorauseilt und die Mächte der Dunkelheit vertreibt. Kaum weniger kriegerisch geben sich die Reliefs auf der 2,20 Meter hohen und 40 Meter langen Schlangenmauer, dem Coatepantli, zu Füßen der Pyramide. Menschenverschlingende Reptilien, Jaguare und herzenfressende Adler verherrlichen Kampf und Opferkult. Allein der im gleichen kantigen Stil wie die Atlanten gearbeitete Chac-Mool, eine mit angewinkelten Beinen auf dem Rücken liegende Figur, erinnert noch an den alten Götterhimmel der theokratischen Reiche. Wahrscheinlich stellt diese Basaltskulptur, die eine Opferschale auf dem Bauch hält, eine Wasser- oder Regengottheit dar.

Popocatépetl – der schlafende Riese

Die meisten Touristen, die Mexico City nach Osten in Richtung Golfküste verlassen, wählen, ohne zu überlegen, den schnellsten Weg über die gebührenpflichtige Autobahn, die wie eine Schneise die Landschaft durchschneidet, aber kaum Reizvolles zu bieten hat. Die parallel verlaufende alte Straße, die der Trasse des ehemalige Saumpfades folgt, auf der die Silberkarawanen die Reichtümer des Landes zur Küste transportierten, liegt heute nahezu verlassen da, obwohl sie dem Reisenden im steten Wechsel von Steigungen, Gefällen und Kurven immer wieder lohnende Ausblicke auf den Talkessel von Mexico City und die angrenzenden Vulkane vermittelt. Aber noch ein anderer Weg führt über die Berge nach Osten, der, obwohl von historischer Bedeutung, kaum bekannt ist: Der Pfad, auf dem Cortés sich Tenochtitlán näherte, der Hauptstadt der Azteken. Auf gut asphaltierter Straße gelangt man heute ohne Mühe über Amecameca zum Sattel zwischen den beiden Hausvulkanen Popocatépetl und Ixtaccíhuatl, von wo aus der Eroberer Mexikos zum ersten Mal tief unter sich im Texcoco-See das Zentrum des aztekischen Großreiches liegen sah. Kaum einer folgt der von diesem historischen Punkt, dem Paso de Cortés, nach Osten verlaufenden Piste, die sich durch dichte Kiefernwäl-

64 Die maskenhafte Strenge des toltekischen Kriegers in Tula kann als Ausdruck der damals herrschenden, auf militärischer Disziplin begründeten Ordnung der Tolteken gesehen werden. Die Gesichter waren früher bemalt, die Augenhöhlen mit Edelsteinen ausgelegt.

Folgende Abbildung:

65 Als Siegeszeichen abendländischen Geistes krönt die Kirche Santuario de los Remidios die noch bewachsene Pyramide der Azteken in Cholula vor der Kulisse des ewig schneebedecken Popocatépetl, des mit 5452 Metern zweithöchsten Berges Mexikos.

der ins Becken von Puebla und Cholula hinabwindet. Zwischen den Baumwipfeln leuchten immer wieder die Schneefelder des Popocatépetl zum Greifen nahe.

In den tieferen Lagen tritt der Wald zurück und macht Maisfeldern Platz; die ersten Indianerdörfer tauchen auf, Esel schleppen schwere Lasten wie zu Zeiten der Kolonialherren, Hühner flüchten vor dem Wagen, der eine Staubfahne durch die engen Gassen wirbelt. Die Fahrt entlang dieser historischen Route ist ein Ausflug in die Vergangenheit, die hier an den Hängen der Vulkane in unmittelbarer Nähe der Großstädte noch lebendige Wirklichkeit ist.

Cholula – ein Berg von Menschenhand

Schon lange bevor man Cholula erreicht sieht man die Kuppeln seiner Kirchen wie Schemen über dem Dunst der Ebene schweben. Bereits vor der spanischen Eroberung war die Stadt Mittelpunkt präkolumbianischer Zivilisation, dem in der Abfolge der Reiche immer wieder eine tragende Rolle, insbesondere als Wallfahrtsort, zufiel. Im Brennpunkt der kultischen Handlungen stand die große Pyramide, die bereits aus dem zweiten vorchristlichen Jahrhundert stammt und sich eng an die Architektur Teotihuacáns anlehnt. »Die größte, das älteste und berühmteste unter allen pyramidischen Monumenten von Anáhuac ist der Teocalli von Cholula. Man nennt ihn heute den von Menschenhänden gemachten Berg, und von weitem könnte man ihn auch wirklich für einen mit Vegetation bedeckten, natürlichen Hügel halten«, beschrieb Alexander von Humboldt treffend diese größte künstliche Pyramide der Welt, die aus über drei Millionen Kubikmeter Lehmziegel errichtet worden ist. Am Bild, das der deutsche Forscher uns vor 150 Jahren vermittelte, hat sich bis heute wenig geändert. Immer noch sind die Flanken des 65 Meter hohen Bauwerks mit Gestrüpp und kleinen Bäumen überzogen.

Wie bei vielen Bauten aus der Frühzeit der mexikanischen Geschichte knüpft sich auch an die *Tepanapa-Pyramide* von Cholula eine Legende, die erstmals von einem Dominikanermönch im 16. Jahrhundert aufgezeichnet wurde und deutliche Parallelen zum Alten Testament erkennen läßt. Danach soll das Gebiet von Anáhuac einst von Riesen bewohnt gewesen sein, die, bis auf wenige Auserwählte, bei der großen Flut, mit der das Zeitalter der »vierten Sonne« sein Ende fand, umkamen. Einer der Überlebenden begann nach Ablaufen des Wassers einen künstlichen Hügel zu erbauen, um an den rettenden Zufluchtsort, den Berg Tlaloc, zu erinnern. Bis in die Wolken zum Sitz der Götter sollte die Pyramide reichen, aber wie beim Turmbau zu Babel geboten die Götter dem vermessenen Streben Einhalt und fuhren mit Blitz und Donner zwischen die Arbeiter.

Gegen die Millionen Kubikmeter Lehmziegel vermochten auch die Spanier trotz ihres unermüdlichen Strebens, alle Zeichen des Heidentums zu vernichten, wenig auszurichten. Sie mußten sich damit begnügen, den Tempel der gefiederten Schlange, der die Pyramide krönte, durch eine Kirche, das Santuario de los Remedios, zu ersetzen, um weithin sichtbar den Sieg des Christentums zu verkünden.

Im Laufe der Zeit haben die Archäologen damit begonnen, den »künstlichen Berg« mit Stollen zu durchziehen, um Aufschluß über die Entwicklungsgeschichte zu gewinnen, die bis in die Epoche von Teotihuacán zurückreicht. Mehrere Bauphasen sind bisher nachgewiesen worden, die auf eine kontinuierliche Besiedlung Cholulas und Ausübung der Kulthandlungen bis zum großen Blutbad der Spanier am 18. Oktober 1519 schließen lassen.

Puebla – die Stadt der Engel

In Fortsetzung der alten Traditionen, wenn auch nunmehr unter christlichem Vorzeichen, behielt die Region von Cholula und Puebla während der Kolonialzeit die Bedeutung eines religiösen Zentrums bei. Zum gestalterischen Ausdrucksmittel dieser Epoche wurden die »azulejos« genannten glasierten Kacheln, die, wie viele Elemente kolonialer Kirchenarchitektur, maurischen Ursprungs sind. Nicht nur die Kirchenkuppeln waren damit verziert, ganze Fassaden hatten die Baumeister in dieser Weise verkleidet, so etwa die Kirche Santa Maria im zwei Kilometer von Cholula entfernten Dorf *To-*

66 Das prunkvolle, oft bis zur Überladenheit gesteigerte Barock der Kolonialzeit erreicht in der 1690 errichteten Rosenkranzkapelle von Puebla seine höchste Vollendung.

nantzintla, bei der sich rötlicher Stein und weißblaue Azulejos zu einem ungewöhnlichen Meisterwerk aus dem 18. Jahrhundert verbinden.

Trotz großstädtischen Trubels hat Puebla, die drittgrößte Stadt des Landes, vieles von ihrem Charme aus kolonialen Tagen bewahren können. Sorgfältig restauriert blicken die kachelverzierten Fassaden ehemaliger Patrizierhäuser, wie die Casa del Alfeñique oder die Casa del Dean, über die dichten Baumwipfel benachbarter Parkanlagen. Als seltenes Wunderwerk wird die Rosenkranzkapelle in der Kirche Santo Domingo gerühmt. Indianische Künstler gestalteten sie Ende des 17. Jahrhunderts in überschwenglichen Farben und Stukkaturen. Und selbstbewußt erhebt sich die 1575 bis 1649 im Renaissance-Stil erbaute Kathedrale aus dem Häusermeer der Innenstadt. In ihrem Schatten blühen noch heute Kunst und Kultur; Maler, Bildhauer und Dichter fühlen sich von den historischen Häuserfronten angezogen und inspiriert und verleihen Puebla eine intellektuelle Note. Kein Wunder, daß sich die kleine deutsche Kolonie, die mit dem Volkswagenwerk entstand, hier besonders wohl fühlt.

Mexico City – wuchernde Metropole im Texcoco-See

Tenochtitlán – Zentrum aztekischer Macht

Es war eine kleine, armselige Schar, die sich im 13. Jahrhundert am Chapultepec, dem Heuschreckenhügel, niederließ. Im Jahr 1111, so ist der Mythologie zu entnehmen, hatte die Gruppe, die sich México nannte, später aber unter der Bezeichnung Azteken in die Geschichte eingegangen ist, ihren angestammten Wohnort Aztlán verlassen, um auf Weisung ihres Sonnen- und Schutzgottes Huitzilopochtli eine neue Heimat zu suchen. Ein langer Weg voller Kämpfe und innerer Auseinandersetzungen lag hinter dem Volk, als es die Ufer des Texcoco-Sees erreichte. Die Neuankömmlinge wurden dort keineswegs mit offenen Armen aufgenommen, sondern von ihren Nachbarn, den Tepanaken, aufgrund ihrer barbarischen Gewohnheiten und Grausamkeiten ebenso verachtet

wie gefürchtet und mußten bald den strategisch günstigen Hügel aufgeben.

Erst nach vielen Jahren der Not und Demütigung konnten sich die Azteken um 1345 auf einer winzigen unbewohnten Insel mitten im See niederlassen. Dort hatte sich die Prophezeiung ihres Gottes erfüllt: sie hatten den Adler auf dem Kaktus sitzend gefunden, das ersehnte Zeichen für das Ende jahrhundertelanger Wanderschaft.

Tenochtitlán, wo die Kaktusfeige auf dem Fels wächst, nannten sie ihre neue Heimat, und es grenzte schon fast an ein Wunder, daß dieser kleine Stamm das sumpfige, unfruchtbare Eiland in kaum einem Jahrhundert zur bedeutendsten Stadt der Neuen Welt ausbauen und sich zum Herren über ganz Mexiko aufschwingen konnte.

Krieg, Tribut, Handel und Opfer waren die Stützen des straff organisierten Militärstaates religiöser Prägung, Menschenopfer hatte es in Mexiko schon seit langem gegeben. Sie waren bei den Bewohnern Teotihuacáns ebenso üblich wie bei den Mayas und Tolteken. Aber erst die Azteken erhoben den Opferkult zu jenem uns so grausam und unverständlich erscheinenden Ritual, bei dem Tausende von Menschen auf den Plattformen der Pyramiden ihr Leben für die Götter lassen mußten.

Jeden Abend, so glaubten die Azteken, steigt die Sonne im Westen zur Erde, um sich vom Blut und den Herzen geopferter Menschen zu ernähren und neue Kraft für den nächsten Tag zu schöpfen. Aber auch die anderen Gottheiten, wie diejenigen der Erde und des Regens, wollten besänftigt sein. Nur durch das Wertvollste, sein Leben, vermochte der Mensch die Kraft der Götter zu erhalten. Vor dem Hintergrund dieses Weltbildes muß man das Menschenopfer sehen, um zu verstehen, warum rituelle Schlachten, sogenannte Blumenkriege, ausgefochten wurden, die ausschließlich dem Zweck dienten, Gefangene für den Opferkult zu machen. Die Tötung diente nicht der Erbauung, wie in den römischen Arenen, sie war unabdingbare Notwendigkeit für das Fortbestehen der Gemeinschaft. So haderten dann auch die Opfer, ausnahmslos tapfere Krieger, keineswegs mit ihrem Schicksal. Als »Söhnen der Sonne« war ihnen ein ewiges, glückliches Leben gewiß.

67 Pueblas palmengesäumter Zocalo, einer der schönsten Plätze Mexikos, ist nach wie vor das Herz der 2000 Meter hoch liegenden Millionenstadt.

Folgende Abbildung:

68 In Zusammenarbeit mit dem Architekten Martínez de Velasco schuf Juan O'Gorman 1949–1951 die Mosaikfassade der Universitätsbibliothek von Mexico City mit Motiven aus der präkolumbianischen und kolonialen Vergangenheit.

Als gegen Ende der Aztekenherrschaft Unruhen und Aufstände unterworfener Völker die uneingeschränkte Machtausübung des »erwählten« Stammes in Frage stellten, sahen die Priester darin einen Beweis für die erlahmende Kraft ihres Schutzgottes und versuchten in einem bis zur Psychose gesteigerten Opferkult, Huitzilopochtli neues Leben einzuhauchen. Allein bei der Einweihung der großen Pyramide von Tenochtitlán im Jahr 1487 sollen während der viertägigen Feierlichkeiten über 80000 Menschen den unersättlichen Göttern zum Opfer dargebracht worden sein. Selbst wenn diese spanischen Quellen entstammende Zahl als übertrieben gelten kann, übersteigt doch schon ein Bruchteil davon unser Vorstellungsvermögen und erklärt das Entsetzen der spanischen Chronisten. Für einen Moment standen sich hier zwei fremde Welten völlig verständnislos gegenüber, bis die stärkere Kultur den Sieg davontrug und ihn nutzte, alle Merkmale des Fremden und für sie Unmenschlichen bis in die Wurzeln auszurotten.

Wachstum bis zum Kollaps – der ungebändigte Moloch

Würde Cuauhtémoc, der letzte Herrscher der Azteken, heute sein Tenochtitlán erblicken, suchte er vergeblich nach himmelstürmenden Pyramiden, weißen Palästen, Kanälen und Brücken, und auch Cortés hätte nicht mehr die Märchenwelt im Texcoco-See vor Augen, wenn er von der Höhe des Passes zwischen den beiden Vulkanen Popocatépetl (5439 m) und Ixtaccíhuatl (5272 m) in die Tiefe schaute. Wahrscheinlich würde er im Dunst kaum etwas wahrnehmen oder bestenfalls ein sich in der Ferne verlierendes Häusermeer, über dem schmutzigbraun die Glocke des Smog hängt. Man darf bezweifeln, daß der Eroberer sie nochmals »als die Stadt, die das schönste Ding der Welt ist« bezeichnen würde. Aber trotz des gigantischen Wachstums, das Mexico City längst zu einer der größten Städte der Welt gemacht hat, erwarten den Besucher mehr als nur betäubende Auspuffgase, tobender Verkehr und erdrückendes Menschengewimmel.

Nicht die Lage hat die Stadt berühmt ge-

macht, wie etwa Hongkong oder Rio de Janeiro, sondern ihr Charakter als Metropole des spanischen Kolonialreichs in Verbindung mit indianischen Traditionen und kosmopolitischen Zügen. In immer neuer Weise mischen sich diese Elemente und formen das Gesicht der 20-Millionen-Stadt, das hinter dem zunächst abschreckenden Äußeren viel Menschliches und für den Besucher Aufregendes und Fremdes verbirgt: Die Glasfassaden moderner Hochhäuser spiegeln die Türme barocker Kirchen wider, auf den Bahnsteigen der U-Bahn drängen sich Indianer in traditioneller Tracht, durch tobenden Straßenlärm dringen die Trompetenklänge von Mariachi-Musikanten. Wie ein riesiges, buntschillerndes Facettenauge hat die Metropole alle Aspekte mexikanischen Lebens gesammelt und sie zu den neuen Formen einer lateinamerikanischen Großstadtkultur zusammengefaßt.

Die Gründung des kolonialen Machtzentrums begann mit der völligen Zerstörung des aztekischen Tenochtitlán. »Über 50000 Indianer halfen uns an diesem Tag, da wir über ganze Haufen von Leichen hin endlich die große Straße nach Tacuba erreichten und das Haus von König Guautimucin (Cuauhtémoc) verbrannten [...] auch geschah gar nichts anderes als Sengen und Brennen«, schilderte Cortés in einem Brief an seinen König, Karl V., die Ereignisse des 13. August 1521. Auf den Fundamenten der niedergebrannten Tempel und Paläste entstand nunmehr die Hauptstadt der spanischen Eroberer. So gründlich vernichtete man die aztekischen Anlagen, daß heute nur ganz vereinzelt Reste erhalten sind, die allerdings nichts mehr von der ehemaligen Pracht der Lagunenstadt ahnen lassen. Am deutlichsten tritt die aztekische Vergangenheit an der *Plaza de las Tres Culturas*, dem Platz der drei Kulturen, zutage. Auf den freigelegten und sorgfältig restaurierten Fundamenten dieses ehemaligen Kulturzentrums Tlaltelolco thront, gleichsam als Monument des Sieges, eine Kolonialkirche mit wettergegerbter Fassade, düster wie das Sinnbild der Inquisition. Und gleich den Rängen eines Amphitheaters scharen sich die zehnstöckigen Wohnblocks des 20. Jahrhunderts um den geschichtsträchtigen Platz. 1978 stießen Bauarbeiter neben der Kathedrale

69 Der Blick vom Torre Latinoamericana über das Häusermeer der Metropole verdeutlicht Mexico Citys Anspruch, zu den größten Städten der Welt zu zählen. Als nostalgisches Relikt beschaulicher Zeiten liegt zu seinen Füßen der zwischen 1901 und 1934 aus weißem Marmor gebaute Palacio de Bellas Artes.

sogar auf die Fundamente des aztekischen Hauptheiligtums und förderten zahlreiche wertvolle Artefakte zutage, die ihren Platz im angrenzenden *Museo del Templo Mayor* gefunden haben, darunter das berühmte Steinbildnis der Mondgöttin Coyolxauhqui.

Rosig sieht es um die Zukunft der wie ein Krebsgeschwür wuchernden Stadt gerade nicht aus. Trotz der hoffnungslos überlasteten Infrastruktur, der hemmungslosen Luftverpestung und der prekären wirtschaftlichen Lage strömen täglich Tausende entwurzelter Campesinos in die Metropole auf der Suche nach besseren Lebensbedingungen. Es scheint, als sei Mexico City seiner Verwaltung längst aus den Händen geglitten und habe eine gefährliche Eigendynamik entwickelt, die auf ein Chaos zuführt. Zuweilen hat auch die Natur die Hand im Spiel, entscheidet über das Schicksal mit unerbittlicher Härte. Die Stadt liegt nicht nur auf dem weichen Seeboden, der durch ständige Absenkung des Grundwasserspiegels den Einsturz der Häuser herbeiführt, auch die Erdbebenzone verläuft mitten durch Mexikos Herz. Am 19. September 1985 zitterte der Boden für drei Minuten, etwa 20000 Menschen fanden den Tod, ganze Stadtteile verwandelten sich in Trümmerhaufen. Ob die Naturkatastrophe auch das Gewissen der Stadtväter wachrüttelte, erscheint allerdings fraglich. Längst ist man wieder zur Tagesordnung übergegangen, hat die Narben mit Grünanlagen zugedeckt, die im Nebel der Auspuffgase verdorren.

Xochimilco – die schwimmenden Gärten

Eine Ahnung aztekischen Lebens vermittelt auch der Besuch der schwimmenden Gärten von Xochimilco am südlichen Rand der Stadt. Um die wirtschaftliche Nutzfläche ihrer Insel im Texcoco-See zu erweitern, hatten die Azteken aus Binsen und Holz künstliche Inseln geschaffen, die sogenannten Chinampas, die sie mit Erde auffüllten und durch Wurzeln angepflanzter Ahuehuete-Bäume im seichten Wasser verankerten. Nur noch in Xochimilco hat sich dieser von Menschenhand geschaffene »Archipel« mit seinem Geäst aus Kanälen, Buchten und kleinen Seen erhalten und sich zu einem be-

liebten Ausflugsziel der Großstädter entwickelt. Erst 1993 wurde das über 80 Kilometer lange Kanalsystem renoviert und einer gründlichen Reinigung unterzogen. Zum Wochenende und an Feiertagen erwachen die schmalen Wasserwege zu ungeahntem Leben, und eine kleine Heerschar von »Gondolieri« versucht, den Besucherstrom in ihre buntgeschmückten Kähne zu dirigieren. So eine Fahrt geht beschaulich zu, selten gestört durch das Tuckern eines Außenbordmotors. Eng umschlungen und weltentrückt sitzen Liebespaare am Bug, oder ganze Familien scharen sich unter der Sonnenmarkise um einen Tisch, der überquillt von Genüssen mexikanischer Küche. Fotografen, ängstlich darum bemüht, sich und ihre altertümliche, auf ein Holzstativ montierte Kamera im schmalen Einbaum im Gleichgewicht zu halten, bieten ihre Dienste an; Mariachi-Gruppen wetteifern um die Gunst der Passagiere, jederzeit bereit, mit ihrem Boot längsseits zu gehen und gegen Bezahlung Wunschmelodien zum besten zu geben. Selbst der Alltag an den Kanälen von Xochimilco ist noch verträumt. Die Flotte der Touristenboote liegt dann vertäut in engen Buchten, und die Wasserwege gehören den schmucklosen Kanus, mit denen die Indios die Produkte der Inseln – vornehmlich Blumen und Gemüse – zu den Anlegestellen rudern. Dort warten bereits Lastwagen, um die frische Ware durch das Gewühl der Großstadt zu den zentralen Märkten zu bringen.

Guadalupe – Wallfahrt zur heiligen Jungfrau

Im Gegensatz zur aztekischen Epoche hat die Kolonialzeit unübersehbar ihre Denkmäler hinterlassen. Selbst im Häusergewirr der Millionenmetropole verliert die *Kathedrale* nichts von ihrer Monumentalität. Der Sakralbau wurde 1563 als Hallenkirche begonnen, später jedoch in der Form der Basilika vollendet, dem Kirchentypus, bei dem das Hauptschiff die Seitenflügel überragt. Aber trotz ihrer gewaltigen Dimensionen und trotz der zentralen Lage am Zócalo, dem Hauptplatz der Stadt, genau dort, wo sich einmal der heilige Tempel der Azteken erhob, vermochte die Kathedrale nicht,

70 Die noch auf aztekische Zeiten zurückgehenden, nunmehr in eine Art Vergnügungspark verwandelten schwimmenden Gärten von Xochimilco am Südrand der mexikanischen Hauptstadt üben vor allem an Wochenenden eine magische Anziehungskraft aus.

Folgende Abbildungen:

71 bis 75 Ein großer Teil des täglichen Lebens der Millionenstadt Mexico City spielt sich im Freien ab. An der Plaza Garibaldi versammeln sich am Abend die Mariachi-Gruppen (71). Im kleinen Alameda-Park brauchen Schuhputzer und Getränkeverkäufer nicht lange auf Kundschaft zu warten (72 und 73). In den winzigen Druckereien an der Plaza Santo Domingo hat der Computer noch längst nicht den traditionellen Bleisatz bei der Herstellung von Glückwunschkarten und Hochzeitsanzeigen verdrängt (74). Viele arme Zuwanderer aus dem Landesinnern können sich und ihre Familien nur durch Betteln am Leben halten (75).

auch den religiösen Mittelpunkt Mexico Citys einzunehmen. Angeblich göttliche Fügung vergab diesen Rang an die *Basilika von Guadalupe* im Vorort Villa Madero, dem heute auserkorenen Heiligtum katholischen Glaubens.

Pilger, die allein und in Gruppen aus allen Teilen des Landes herbeiströmen, rutschen auf Knien die letzten Meter über den schattenlosen, von der Sonne durchglühten Vorplatz, um das Bildnis der Jungfrau von Guadalupe mit eigenen Augen zu sehen und sie im innigen Gebet um Hilfe und Beistand anzuflehen. Im Jahr 1531, so heißt es in spanischen Chroniken, erschien dem Bauern Juan Diego, einem einfachen Indianer, die Jungfrau Maria und bedeutete ihm, an dieser Stelle eine Kirche zu bauen. Der Bischof vernahm die Geschichte, vermochte ihr aber keinen Glauben zu schenken. Und abermals hatte der Indio eine Erscheinung, die ihm auftrug, Rosen zu pflücken und sie dem »ungläubigen« Bischof zu überbringen. Als er den Poncho öffnete, um die Blumen in Empfang zu nehmen, hatte sich auf dem grauen Stoff die Gestalt der Jungfrau abgebildet. Dunkelhäutig war sie wie die Indios und als La Morena, die Braune, wurde sie bald weit über Mexikos Grenzen hinaus zur Schutzheiligen aller Indios und Mestizen in ganz Lateinamerika; sie galt als Zeichen dafür, daß der von den weißen Eroberern ins Land gebrachte Gott nicht allein den Kolonialherren vorbehalten war. Dennoch dauerte es weitere 180 Jahre, bis das Abbild der Jungfrau von Guadalupe einen würdigen Platz in der 1709 errichteten mächtigen, von einer gekachelten Kuppel gekrönten Wallfahrtskirche gefunden hatte.

Der weiche Seeboden konnte das massive, aus vulkanischem Gestein errichtete Bauwerk auf Dauer jedoch nicht tragen; immer weiter neigten sich die Wände, immer tiefer sanken die Fundamente in den sandigen Untergrund, bis auch die Eisenklammern sie nicht mehr zusammenzuhalten vermochten und die Kirche wegen Einsturzgefahr geschlossen werden mußte. Mit modernen technischen Mitteln gelang es, den viele tausend Tonnen schweren Komplex durch ein System hydraulischer Pressen wieder auf das alte Niveau zu heben und dann auf einem soliden Betonuntergrund zu verankern.

76 Die im 18. Jahrhundert errichtete Basilika Nuestra Señora de Guadalupe beherbergte lange Jahre das Gnadenbild der dunkelhäutigen Jungfrau, mußte dann jedoch wegen Baufälligkeit vorübergehend geschlossen werden. Heute dient sie als Museum, während die Madonna im benachbarten modernen Bau ihre neue Heimat gefunden hat.

In der Zwischenzeit entstand neben dem alten Bau eine moderne Kirche, für deren kühne Architektur Pedro Ramírez Vásquez, der Schöpfer des Anthropologischen Museums, verantwortlich zeichnete. Besonderer Wert wurde auf die Bewältigung der erdrückenden Zahl von Pilgern gelegt, die hier vor allem an Feiertagen zusammenkommen. Die Reliquie fand ihren Platz hoch über den Köpfen der Gläubigen, so daß sie von jedem Kirchenbesucher gesehen werden kann. Aber nicht genug damit: Direkt unterhalb des Heiligenbildes haben findige Techniker ein Laufband installiert, auf dem die Gläubigen, ohne die ständigen Andachten zu stören, mit konstanter Geschwindigkeit wie auf einem Fließband an der verehrten Reliquie vorbeigefahren werden.

Auch der Kommerz hat sich, wie wohl in allen Wallfahrtsorten der Welt, einen festen Platz gesichert und bietet in einer modernen Ladenstraße, halb versenkt unter der weiten Fläche des Vorplatzes, die ganze Palette der Devotionalien an, von der einfachen Kerze bis zur Fahne mit dem überlebensgroßen Bildnis der Jungfrau.

Alameda – der ruhende Pol

Ein geeigneter Ort, all die Eindrücke der Millionenstadt zu verarbeiten und den müde gewordenen Füßen eine Ruhepause zu gönnen, ist zweifellos der Alameda-Park, eine grüne Lunge in den von Dieselqualm durchzogenen Straßenschluchten der Innenstadt. Es riecht wohltuend nach Gras, über dem sich die langen Wasserfinger der Rasensprenganlagen drehen, und nach gebrannten Erdnüssen, feilgeboten von gluckenhaft auf den Gehwegen hockenden Indianerinnen; bunte Luftballons tanzen vor glitzernden Fontänen peitschender Springbrunnen. Mit Schaukelpferden und flitterbesetzten Sombreros warten Standfotografen geduldig auf Kunden, Schuhputzjungen halten eifrig Ausschau nach staubigen Touristenschuhen – nichts deutet mehr darauf hin, daß hier einmal die Scheiterhaufen der Inquisition gelodert haben. Am westlichen Rand entstand auf dem Grundstück des ehemaligen Hotels Regis der kleine *Jardin de la Solidaridad* in Gedanken an die Wiederaufbauleistung der Bürger nach dem Erdbeben von 1985.

Durch die Bäume leuchtet grell der *Palast Bellas Artes*, gleichsam ein weißer Schwan inmitten grauen Gemäuers. Erst 1934 wurde der Tempel der Schönen Künste, in den Stilelementen der Mayas, der Mixteken und des barocken Klassizismus eingeflossen sind, seiner Bestimmung übergeben. Aber schon neigt sich auch dieser Bau wie ein sinkendes Schiff und droht, im sandigen Boden zu verschwinden – hoffentlich kein böses Omen, das den Niedergang mexikanischer Kultur ankündigt. Aber solange das Ballett Folklórico de México hier seine Heimat hat und mit seiner hinreißenden Schau zweimal in der Woche das Haus bis auf den letzten Platz füllt, solange ist dies wohl kaum zu befürchten. Im wechselnden Lichtspiel farbiger Scheinwerfer schweben die Tänzer der verschiedenen Provinzen in ihren farbenprächtigen Trachten über die Bühne, stampft und klatscht es im mitreißenden Rhythmus mexikanischer Volksmusik, wird längst Vergangenes in bunten Uniformen, Trommelwirbel und Säbelrasseln wieder lebendig. Nur zu gern lassen sich die Besucher in die leuchtende Traumwelt einheimischer Folklore entführen, die zwar in dieser Perfektion sicherlich niemals wirklich existiert hat, in ihren Wurzeln jedoch noch überall zum täglichen Leben gehört.

Man braucht nur einige hundert Meter entlang der Avenida Leyva nach Norden zu schlendern, um zu erfahren, daß die mexikanische Volksmusik ein tiefempfundenes Bedürfnis der Einheimischen und lebendiger Ausdruck der Volksseele geblieben ist. Tagsüber wird man der *Plaza Garibaldi* kaum Beachtung schenken, eine abgetretene Rasenfläche, ein paar Bänke, ein Musikpavillon wie an unzähligen anderen Stellen der Metropole auch. Man muß am Abend kommen, am besten am Wochenende oder an Feiertagen, um die erstaunliche Veränderung mit eigenen Augen zu erleben. Wenn die Sonne hinter den Zacken der westlichen Gebirgszüge versinkt, verwandelt sich das unscheinbare Geviert in eine Freilichtbühne, die dem Besucher neben authentischer Volksmusik auch etwas von der Eigenart mexikanischer Mentalität vermittelt. Mit farbigen Kostümen und breiten Sombreros herausgeputzte Mariachi-Gruppen, die den Platz dann mit ihren Harfen, Geigen, Trom-

peten und Gitarren bevölkern, kommen nicht allein aus Lust am Musizieren zusammen; es sind Professionelle, die ihren Lebensunterhalt mit der Erfüllung von Musikwünschen – und dies ist kein billiges Vergnügen – verdienen. Aber niemand stößt sich daran, wenn ein Familienvater im schon etwas abgetragenen Sonntagsanzug mit großzügiger Geste 50 oder 100 Pesos aus der Tasche zieht, immerhin der Tagesverdienst manchen Arbeiters. Inmitten seiner Lieben gibt er sich dann andächtig der Musik hin, die meist von Freundschaft, Liebe und Tod berichtet. Dann übermannt ihn die Rührung, und mit Tränen in den Augen und frei von Hemmungen übernimmt er den Sangespart. Laut klatschen die Zaungäste, anerkennend verneigen sich die Musikanten, und Stolz steht in den Gesichtern der Familie.

Chapultepec – Kunst, Geschichte und Entspannung

Wer mehr von Mexico City mitnehmen will als Eindrücke von Tempeln, Kolonialkirchen und Hochhäusern, der sollte sich an einem Sonntag dem Heer der Stadtbewohner anschließen, das den Chapultepec-Park in eine Mischung aus Sonnenwiese und Jahrmarkt verwandelt. Die wenigsten der Ausflügler sind sich wohl der historischen Bedeutung des Bodens bewußt, auf dem sie ihre Decken ausbreiten und ihr Picknick zelebrieren; 800 Jahre zuvor flackerten hier die Lagerfeuer der Azteken, damals noch ein barbarischer, verachteter Nomadenhaufen ohne Kultur. Überreste aus dieser Zeit sind nicht erhalten, um so deutlicher hingegen die Erinnerungen an eine spätere, recht unselige Epoche mexikanischer Geschichte. Weit sichtbar thront auf dem Hügel das prunkvolle *Schloß Kaiser Maximilians* von Österreich (1864–1867). Heute dient der Palast als Museum, das weniger dem europäischen Monarchen huldigt als seinen Widersachern, den Vätern der Demokratie. In hohen Räumen und langen Gängen wird der Geist der Revolutionen beschworen, in denen das heutige Mexiko den Nährboden seiner Verfassung sieht. Nur der historisch besonders interessierte Besucher jedoch wird die Relikte dieser Epoche, die Schwer-

77 Vom zentral gelegenen Alameda-Park mit seinen Springbrunnen geht der Blick zum 181 Meter hohen Torre Latinoamericana, dem Wahrzeichen der Innenstadt. Der Bau wurde auf »schwimmenden« Fundamenten errichtet und überstand so das große Erdbeben von 1988 unbeschadet.

ter, Uniformen und Orden der Freiheitskämpfer, mit lebendigen Vorstellungen verbinden können. Man muß wohl Mexikaner sein, um in Ehrfurcht vor der Kutsche Präsident Maderos oder dem Portrait des Benito Juárez verharren zu können.

Ganz anders das Bild knapp einen Kilometer entfernt an der nördlichen Peripherie des Parks, wo ein moderner Gebäudekomplex zum »Wallfahrtsort« des internationalen Bildungstourismus geworden ist: das *Museum für Anthropologie.* Eine geglückte Kombination von Fundstücken, Schautafeln, Modellen und Fotos führt den Besucher mit leichter Hand durch die faszinierende Welt vorkolumbianischer Geschichte, von den dunklen Anfängen der Jägernomaden bis zum Verlöschen des Aztekenreiches. Abstrakte Namen wie Mayas, Tolteken und Olmeken gewinnen in den Stunden des Besuchs lebendige Gestalt, auch wenn die Mexikaner es bisher – wohl aus falsch verstandenem Nationalstolz – versäumt haben, die erläuternden Texte mehrsprachig abzufassen, wie es sonst selbst bei der Speisekarte mittelmäßiger Restaurants üblich ist. Man sollte sich für das Museum viel Zeit lassen, vor allem, wenn man einige der Tempelstädte später selbst aufsuchen möchte, denn kein noch so wertvolles Buch kann eine lebendigere Einführung in den uns fremden Kulturkreis Mittelamerikas geben.

Teotihuacán – wo der Mensch zum Gott wird

Für den überwiegenden Teil der Besucher Mexikos bedeutet der Ausflug nach Teotihuacán im Nordosten der Hauptstadt den ersten Kontakt mit den alten Kulturen der Neuen Welt. Was bleibt, sind Staunen und Ehrfurcht vor den monumentalen Bauwerken und ihren Architekten, vielleicht auch ein wenig Grauen vor dem System, das die dazu benötigten Menschenmassen in Bewegung hielt. Schon Tolteken und Azteken, selbst kühne Baumeister, konnten sich das Ausmaß der Anlage, die bereits zu ihrer Zeit verlassen dalag, nur mit dem Wirken von Riesen erklären und erhoben die Ruinen zum Olymp ihrer Götterwelt.

Die Mythen berichten, daß hier zu Füßen der gigantischen Pyramiden einst die Götter

zusammengekommen waren, um den Menschen ein neues Weltzeitalter, das der »fünften Sonne«, zu schenken. Zwei der Götter opferten sich, um als Sonne und Mond emporzusteigen und damit nach den Schrecken des Weltuntergangs neues Leben zu spenden. Mit der Benennung der beiden größten Bauwerke in Sonnen- und Mondpyramide haben die Azteken dieser Stunde der Schöpfung gedacht. Aber ihnen bedeutete die Ruinenstadt noch mehr als nur Ort des Ursprungs: sie war die Nahtstelle zwischen dem Irdischen und dem Göttlichen, der Ort, wo der Mensch zum Gott wird – nichts anderes nämlich bedeutet Teotihuacán in Nahuatl, der Sprache der Azteken. Sie sahen in dem Komplex eine Totenstadt, in der die beigesetzten Könige in den Himmel der Götter eingingen und Unsterblichkeit erlangten.

Nach heutigen Erkenntnissen fällt die Gründung Teotihuacáns in das erste oder zweite vorchristliche Jahrhundert. Einige an das Kulturzentrum El Tajín erinnernde Merkmale stützen die Hypothese, daß die Entstehung nach-olmekischen Einwanderern aus den tropischen Niederungen der Golfküste zu verdanken ist. In erster Linie war Teotihuacán ein religiöses Zentrum, für die Völker Mesoamerikas der Nabel der Welt. An der Spitze der sozialen Hierarchie standen unangefochten die Priester, die allein mit den Geheimnissen des kosmischen Kalenders vertraut waren und den Willen der Götter zu interpretieren wußten. Dicht um das ausgedehnte Kultzentrum gruppierten sich die Wohnviertel, durchschnitten von einem geordneten Netz von Straßen und Gassen. Da die meisten Häuser aus schnell vergänglichen Lehmziegeln erbaut waren, zerfielen sie im Laufe der Zeit und hinterließen kaum noch Spuren. Forscher schätzen, daß in der ersten Großstadt der klassischen Epoche einmal 120000 bis 200000 Menschen gelebt haben. Die Existenz einer derart ausgedehnten Siedlung konnte sich nur zum geringen Teil auf landwirtschaftliche Betätigung stützen, zumal sich der karge, trockene Boden allein durch ein aufwendiges Bewässerungssystem in eine ertragreiche Kulturlandschaft verwandeln ließ. Vermutlich gelangte ein großer Teil der Nahrungsmittel von der Küste her auf dem Weg

78 bis 80 Das Anthropologische Museum der Hauptstadt zählt mit seiner einzigartigen Sammlung präkolumbianischer Kunst zu den größten Sehenswürdigkeiten Mexikos. In vorbildlicher Weise wird der Besucher mit den versunkenen Kulturen vertraut gemacht. Die oberen Bilder zeigen eine Jade- und eine Stuckmaske, das untere ein modernes Fresko mit dem Thema »Mensch und Mais«.

des Tauschhandels in die Metropole. Die Vielzahl der ausgegrabenen Werkstätten läßt auf rege handwerkliche und künstlerische Aktivität schließen. Und in der Tat sind die Produkte dieses Kunstschaffens in vielen Teilen Mexikos gefunden worden, bei den Zapoteken in Oaxaca ebenso wie in den entfernten Regenwäldern des Maya-Berglandes von Guatemala.

Nicht kriegerische Gottheiten wie später bei den Azteken regierten die Geschicke Teotihuacáns, das nicht einmal durch eine Stadtmauer gegen fremde Eindringlinge geschützt war, sondern die lebenspendenden Wasser- und Erdgottheiten, mit Tlaloc, dem Regengott, an ihrer Spitze. Irgendwann im siebten Jahrhundert brach dann plötzlich die Katastrophe über die Stadt herein. Waren es wilde Stämme, die dem friedlichen Leben ein Ende setzten, oder kam der Anstoß zur Vernichtung von innen? – Wir wissen es nicht. Noch einmal machten sich die Überlebenden ans Werk, aus den verkohlten Trümmern eine neue Stadt erstehen zu lassen, aber die Zeit der Blüte war vorbei. Die Einwohnerzahl ging zurück, die Kultur versank, und vom achten Jahrhundert an lag die Stadt verlassen da. Nur in einigen Orten lebte der alte Geist noch weiter, bis sich auch dort das kriegerische Weltbild der Tolteken durchsetzte und damit eine neue Epoche in der Geschichte des Hochlandes anbrach.

Die Stadt, wie sie der Besucher von heute sieht, entstand zwischen dem vierten und siebten Jahrhundert, der Zeit höchster Machtentfaltung. Die Gebäude säumen eine von Nord nach Süd verlaufende 1,7 Kilometer lange Achse, den Micaotli, zu deutsch die Straße der Toten. Als Wahrzeichen erhebt sich im Osten die Pyramide der Sonne, das größte freigelegte vorkolumbianische Bauwerk Mesoamerikas. In fünf Absätzen steigt sie bis zu einer Höhe von 65 Metern empor. Über eine Million Kubikmeter luftgetrockneter Ziegel hat ein Heer von Arbeitern aufeinandergetürmt, um im Auftrag der Priester den Göttern ein unvergängliches Denkmal zu setzen. Die Pyramide stammt bereits aus den Anfängen der Stadt und muß zur damaligen Zeit einen überwältigenden Eindruck auf die Scharen der Pilger gemacht haben, die von weit her kamen, um den Göttern zu dienen. Die Fassade aus roh

behauenen Steinen, wie sie sich dem Betrachter heute bietet, war zur damaligen Zeit von einer leuchtenden, rotweiß bemalten Stuckschicht überzogen. Leider haben die Archäologen, als sie 1905 mit der Freilegung begannen, wenig Sorgfalt auf eine sachgerechte Rekonstruktion gelegt, so daß man das Bauwerk nur mit Vorbehalt als authentisches Zeugnis bezeichnen kann.

Als Gegenstück zur Sonnenpyramide, die aber wahrscheinlich den Feuer- und Wassergottheiten gewidmet war, erhebt sich weiter im Norden als Abschluß der Via Sacra die Mondpyramide. Sie ist zwar zwanzig Meter niedriger als ihr Pendant, erreicht aber durch Einbeziehung eines Hügels die gleiche Gesamthöhe von 65 Metern. Hinter der irreführenden Bezeichnung Zitadelle verbirgt sich am südöstlichen Ende des Totenweges ein von 15 kleinen Pyramiden umgebener Platz. Eindrucksvollstes Bauwerk ist hier der Tempel der gefiederten Schlange, die unter dem Namen Quetzalcóatl in der Religion Teotihuacáns eng mit den Wassergottheiten verbunden war. Bedrohlich fast springen die steinernen Köpfe, nicht unähnlich mittelalterlichen Wasserspeiern, aus der Wand der Pyramide, von der nur noch ein kleiner Teil erhalten ist.

Beiderseits der Sierra Madre

Als nur schwer zu überwindender Gebirgsriegel trennt die Sierra Madre Occidental das mexikanische Hochland von der Küste des Pazifik. Steil fallen die Berge zum Meer hin ab, grenzen mit ihren fast senkrechten Wänden zuweilen unmittelbar an den Stillen Ozean und erschweren so die Besiedlung des Küstenstreifens. Im Süden wird das Hochland von der Cordillera Volcánica abgeschlossen, einer tektonisch höchst »sensiblen« Zone, die uns mit ihren aktiven Vulkanen und häufigen Beben immer wieder die Fragwürdigkeit der festen Erde vor Augen führt.

Parícutin und Colima – Feuer aus der Erde

Noch in unserem Jahrhundert konnte man diesem Schöpfungsakt der Natur beiwohnen. Anfang Februar 1941 bemerkte der

81 Die vor den Toren der Hauptstadt gelegenen Pyramiden von Teotihuacán, hier die 45 Meter hohe Sonnenpyramide, gelten als die gewaltigsten Zeugnisse präkolumbianischer Architektur. Lange vor Ankunft der Spanier war die Kultur bereits viele Jahrhunderte erloschen und hinterließ zahlreiche Geheimnisse.

Bauer Dionisio Polido aus dem Örtchen Parícutin, wie sich Rauch aus einer eben gezogenen Furche seines Maisfeldes kräuselte. Nur wenige Tage später, am 20. Februar, wurden er und die eilig alarmierten Fachleute Zeugen der Geburt eines neuen Vulkans, ein in unserem Zeitalter seltenes geologisches Schauspiel. In nur zwölf Tagen spie der Krater, der täglich weiter anwuchs, 20 Millionen Kubikmeter glutflüssige Lava aus, die schließlich ein 25 Quadratkilometer großes Gebiet unter sich begrub und auch die Häuser des Ortes nicht verschonte. Allein ein Teil der Kirche ragt heute noch aus dem zu bizarren Formen erstarrten Magma. Als der Vulkan zehn Jahre später seine Tätigkeit einstellte, hatte er eine Höhe von 400 Metern erreicht und durch seine glühenden Ascheregen die Wälder im weiten Umkreis in verkohlte Baumgerippe verwandelt. Es ist für den Touristen ein besonderes Erlebnis, sich einem indianischen Führer anzuvertrauen und mit Maultieren durch diese Urlandschaft zu reiten, in die erst langsam wieder pflanzliches Leben zurückkehrt.

Nach wie vor zählt das mexikanische Bergland zu den aktivsten Erdbebenzonen der Welt. Schollen der Erdkruste stoßen hier aufeinander und setzen Kräfte frei, die nicht nur den kaum wahrnehmbaren Prozeß der Gebirgsbildung in Gang halten, sondern auch in Form von Erdbeben und Vulkanausbrüchen Angst und Schrecken verbreiten. Nahezu zehn Prozent aller auf der Welt registrierten Beben haben ihr Epizentrum in Mexiko, zusammengedrängt auf das Gebiet zwischen dem 15. und 20. Grad nördlicher Breite, in dem auch die Sierra Neovolcánica liegt.

Dieser tief im Erdinnern lauernden Gefahr wird man sich aber wohl nur bewußt, wenn man ihre Zeichen unmittelbar vor Augen hat, seien es die von Ascheregen verwüsteten Wälder oder die ätzenden Rauchschwaden über dem Gipfel des Vulkans Fuego de Colima. Während der rund 4300 Meter hohe Nevado de Colima mit seiner Schneekappe das perfekte Bild eines Vulkans bietet und schon seit Zeiten des Erdmittelalters seine Aktivität eingestellt hat, zeigt sich sein nur wenige Kilometer entfernt liegender mit knapp 4000 Meter Höhe etwas kleinerer Bruder Fuego de Colima als

höchst gefährlicher Vertreter dieser Gattung. Fast unablässig steigt Dampf aus seinem 250 Meter tiefen Krater, begleitet von unheilvollem, für den Besucher furchterregendem Grollen. Seit 1576 sind seine Ausbrüche bekannt, zwischen 1869 und 1913 flossen fast alljährlich glühende Lavaströme die Hänge hinunter, seither ist es etwas ruhiger geworden, die Gefahr ist aber noch längst nicht gebannt.

Die gleichsam wie mit einem Lineal gezogene Grenze zwischen dem Mexiko des 20. Jahrhunderts und den vorwiegend von Indianern bewohnten Bergen des Südens, den Staaten Oaxaca und Guerrero, bildet die Schnellstraße Mexico City–Taxco–Acapulco, auf der sich ein unablässiger Touristenstrom zwischen dem Zentralen Hochland und der Küste bewegt. Wenige Reisende aber überschreiten diese »Grenze« nach Südosten hin, um in eine Kulturlandschaft einzutauchen, in der mancherorts die Zeit seit Jahrhunderten stehengeblieben zu sein scheint. Eine der Hauptursachen für die Abgeschiedenheit liegt sicher in der Unzugänglichkeit des Gebietes, in dem europäisches Gedanken- und Kulturgut nie richtig Fuß fassen konnte und die Verarmung immer wieder politischen Zündstoff liefert.

Somit ist kaum verwunderlich, daß sich indianische Traditionen in diesem von Hochebenen, Tälern und Gebirgsketten durchzogenen Gebiet nahezu unverfälscht erhalten konnten. Neben Zapoteken und Mixteken, die in der Geschichte Mexikos eine bedeutende Rolle gespielt haben, konnten auch weniger bekannte, nicht als Träger einer Hochkultur ins Rampenlicht getretene Stämme ihre Identität bewahren. Nur wenigen Eingeweihten dürften die Zoque- oder Mije-Indianer ein Begriff sein, die, wie andere Gruppen auch, noch in autonomen Verbänden leben und neben altüberlieferten Sitten und Gebräuchen auch ihre eigene Sprache besitzen. Es gibt in Südmexiko noch zahlreiche Weiler, in denen niemand ein Wort Spanisch versteht, und selbst in den Indianergemeinden nahe größerer Ortschaften beherrscht ein Großteil der Frauen nur den lokalen Eingeborenendialekt. Doch auch hier stößt man immer wieder auf unvergängliche Zeugnisse präkolumbianischer Kultur.

82 Feuchte Meeresluft kondensiert an den Hängen des noch aktiven Vulkans Fuego de Colima zu mächtigen Wolkengebilden und ermöglicht so eine dichte Bewaldung der dem Pazifik zugewandten Hänge.

Monte Albán –
zapotekische Götterburg

Schlendert man durch die Straßen Oaxacas, der größten Stadt der Region, wandert das Auge unwillkürlich zu den langgezogenen Bergzügen am nordöstlichen Stadtrand, wo die kantigen Formen jenes Ruinenkomplexes zu erkennen sind, der von seiner Lage her zu den eindrucksvollsten Plätzen vorkolumbianischer Baukunst zählt: der Monte Albán. Das zeremonielle Zentrum der Zapoteken, von denen noch über 100 000 im Land ihrer Vorväter siedeln, mit eigener Sprache, eigenen Sitten und einem Gefühl für Ästhetik, das bereits ihre Vorfahren auszeichnete, überdauerte länger als die anderen theokratischen Stadtstaaten der klassischen Zeit. Noch bevor die Zapoteken die Region unterworfen hatten, war ein bisher unbekanntes Volk in das Gebiet von Oaxaca vorgedrungen und hatte damit begonnen, auf einem 400 Meter über dem Hochtal der Sierra Madre del Sur liegenden Bergrücken Tempel für seine Götter zu errichten. Aber nicht allein, um dem Himmel näher zu sein, hatten sie diesen Ort gewählt; ein Blick von hier oben genügt, um den strategischen Wert dieses Platzes zu erkennen, der mehrere hier zusammenkommende Täler beherrscht.

Die ersten Anzeichen menschlicher Besiedlung reichen bis in das siebte vorchristliche Jahrhundert zurück und haben ihren Niederschlag in den Überresten der als Monte Albán I bezeichneten Epoche gefunden. Dreihundert Jahre dauerte dieser Zeitabschnitt, der durch mit Steinplatten verkleidete Erdpyramiden und einen als Observatorium bezeichneten, mehrkantigen, asymmetrischen Bau dokumentiert wird. Und dann die merkwürdigen Sandsteinreliefs aus derselben Zeit: Weltentrücktheit strahlen die Figuren aus, die mit sicherem Gefühl für Fläche und Form aus dem Stein gearbeitet worden sind. Buckelige Zwerge und Krüppel vereinen sich hier in schwer deutbarer Pantomime, die Körper bis ins Groteske verrenkt. Danzantes, Tänzer, nannten die Archäologen sie in Ermangelung einer zutreffenden Interpretation. Vielleicht stellen die unbekleideten Männerfiguren auch Ertrunkene dar, Opfer für den Regengott Cocijo, der zusammen mit der Maisgöttin Pitao Cozobi die Geschicke der Welt regierte. Sicher ist nur, daß sich in den Steinreliefs das Gedankengut der Olmeken niedergeschlagen hat, den Trägern jener »Urzivilisation«, die an der Golfküste geblüht hatte, lange bevor die ersten Tempel auf dem Monte Albán entstanden.

Aber auch andere Kulturen haben in der Tempelstadt ihre Zeichen hinterlassen. Aus der Anlage von Ballspielplätzen, der Gewohnheit, Stelen zu errichten, und der Art und Weise der Darstellung von Priestern läßt sich leicht der Einfluß der Mayas ablesen, deren Stilelemente in der als Monte Albán II bezeichneten Epoche zwischen 300 und 150 vor Christus erkennbar sind. Die Zapoteken traten erst im zweiten Jahrhundert nach Christus in Erscheinung und verliehen der Kultstätte ihre heutige Gestalt. Nicht so sehr als Schöpfer kunstvoller oder monumentaler Einzelbauten sind die Zapoteken in die Geschichte eingegangen, sondern vielmehr durch ihre geniale Fähigkeit, eine Akropolis von kaum zu übertreffender Harmonie zu schaffen und über Jahrhunderte hinweg das einmal erdachte Konzept beizubehalten. »Das, was diese Bauten umschließen, wie sie sich zusammenschließen zu einem großen, gewaltigen Akkord, das ist das Erlebnis der Pyramidenstadt Monte Albán. Städtebau, in der Konzeption und in der Verwirklichung einzigartig.« Mit diesen Worten versucht der Mexiko-Kenner Paul Westheim der Nachwelt die Leistung der zapotekischen Baumeister deutlich zu machen. Selbst heute, wo die meisten Bauten nur teilweise wiederhergestellt sind oder mit der Restauration noch gar nicht begonnen worden ist, nimmt der Besucher diese Ausgewogenheit spontan wahr. Wie erst muß die Anlage gewirkt haben, als die Tempel mit ihrem roten, weißen und schwarzen Stuck noch standen und wie eine weltentrückte Festung Macht und Kultur der Zapoteken weithin sichtbar verherrlichten!

Basis für die Ruinenstadt bilden mehrere durch Abtragungen entstandene Plattformen, auf denen sich in strenger Symmetrie die Tempel und Pyramiden gruppieren. Breite Freitreppen, versenkte Innenhöfe, unterschiedlich hohe Gebäudekomplexe und durch Säulenreihen gedeckte Hallen

83 und 84 Das im Hochland von Oaxaca auf einem Bergrücken errichtete Monte Albán war zwischen dem 4. und 8. Jahrhundert Zentrum der zapotekischen Kultur und besticht noch heute durch die Ausgewogenheit seiner Tempelanlagen.

Folgende Abbildung:

85 Eine Sandbank des Río Papagayo nahe seiner Einmündung in den Pazifik eignet sich zumindest bei Niedrigwasser als hervorragender Waschplatz für die Bewohner der umliegenden Dörfer.

waren die Stilelemente, die das Zapotekenvolk in meisterhafter, unnachahmlicher Weise zu einem harmonischen Ganzen zu verbinden wußte.

Selbst unter der Erde entfalteten die Architekten ihre Fähigkeiten und gestalteten das Berginnere zu einem Labyrinth aus Kult- und Grabkammern, von denen eine den bisher größten Goldschatz preisgegeben hat, der in Mexiko je entdeckt worden ist. Die über 500 Einzelstücke aus dem Grab Nummer 7, das 1932 von Alfonso Caso, dem Erforscher Monte Albáns, geöffnet wurde, haben heute ihren Platz im Museum von Oaxaca gefunden.

Mitla – der Ort der Einkehr

Im siebten Jahrhundert schwand die schöpferische Kraft der zapotekischen Künstler, die Bautätigkeit hörte auf, die Gegenstände wurden rudimentärer, das Feuer der großartigen, auf eine monumentale Gesamterscheinung ausgerichteten Kunst begann langsam zu verlöschen. Immer seltener fanden die prunkvollen Feierlichkeiten zu Ehren der Götter auf den Plätzen und Tempelplattformen Monte Albáns statt, bis die Stadt schließlich von den Zapoteken nur noch als Nekropole genutzt wurde. Auch für die nachfolgenden Mixteken hatte der Monte Albán nur noch die Funktion einer Totenstadt, in der die hochgestellten Persönlichkeiten ihre letzte Ruhe fanden. Aus ebendieser späteren Zeit stammt der berühmte Goldschatz, der verständlich macht, warum mixtekische Handwerker in ganz Mexiko hohes Ansehen genossen.

Nach der Aufgabe der Tempelstadt als Kultzentrum zogen sich die zapotekischen Priester in die Abgeschiedenheit der »heiligen Stätte« von Mitla zurück, einem im Vergleich zu Monte Albán bescheidenen religiösen Zentrum, das nicht von Tempeln und Pyramiden überragt wurde, sondern mit seinen flachen Bauwerken eher an eine Klosteranlage erinnert. Eingeschlossen in seinen Palast verkörperte der Oberpriester den zum Menschen gewordenen Gott, dem nur wenige Auserwählte ins Antlitz blicken durften. Wie auch Monte Albán bauten die Zapoteken und später die Mixteken Mitla zur Totenstadt aus, in der Priester und Fürsten die letzte Ruhe fanden. Während die Zapoteken – ihrer Traditon folgend – schmückendes Beiwerk nur sparsam verwendeten, gestalteten die Mixteken sie zu einem architektonischen Kunstwerk, indem sie die Bauten mit Steinmosaiken verkleideten. 100 000 Steinplatten sind zu meisterhaft komponierten Zickzack- und Stufenmäandern zusammengefügt, die sich in vierzehn verschiedenen Mustern aneinanderreihen und den Höhepunkt in der Anwendung dieses altüberlieferten Motivs darstellen. So genau sind die Steine ineinandergepaßt, daß nur an wenigen Stellen Mörtel verwendet werden mußte, um den Mosaiken Halt zu geben.

Die altindianischen Ornamente sind nicht in Vergessenheit geraten. Ein Gang über den Markt für Kunsthandwerk in Mitla oder der Besuch des Weberdorfes Teotitlán del Valle zeugen von der ungebrochenen Kraft indianischer Traditionen. Phantasievolle Muster und hohes handwerkliches Können machen die Webartikel Oaxacas zu begehrten Reiseandenken, in denen noch etwas mitschwingt von der Kunstfertigkeit der präkolumbianischen Völker.

Oaxaca – ein Platz voller Bäume

Nicht nur wegen ihrer Nähe zu den archäologischen Stätten von Mitla und Monte Albán zieht die Stadt Oaxaca den Touristen an. Trotz der 100 000 Einwohner und der zum Teil modernen Fabrikanlagen und üblichen Hochhäuser hat sich hier die koloniale Atmosphäre noch erhalten. Schuhputzer bevölkern den schattigen, mit Parkbänken gesäumten Hauptplatz, auf dem sich die Stadtbevölkerung aller Altersstufen ein Stelldichein gibt. Marimbamusikanten ziehen durch die Restaurants, die mit ihren Stuhlreihen bis unter die Arkaden drängen. Am reichen Dekor der Kirchen lassen sich die Bemühungen der Kolonialherren ablesen, diesen fern des Machtzentrums Mexico City liegenden Außenposten europäischer Zivilisation mit spanischem Leben zu erfüllen. Kein Geringerer als Hernán Cortés hatte hieran besonderen Anteil, war ihm doch für seine Verdienste der Titel des Grafen von Oaxaca verliehen worden und damit die Privilegien unermeßlicher Ländereien und der

Herrschaft über ein Heer indianischer Arbeitskräfte. Die Stadt wurde bereits 1521 nahe eines aztekischen Militärpostens als Segura de la Frontera, Sicherung der Grenze, gegründet, einige Jahre später in Antequera umbenannt, um schließlich wieder den alten aztekischen Namen Oaxaca, Platz voller Bäume, zu erhalten. Besonders sehenswert ist die Kathedrale am Hauptplatz, mit deren Bau bereits Mitte des 16. Jahrhunderts begonnen wurde. Die Basreliefs an den Säulen zeigen den typischen »Estilo Oaxaqueño«, eine örtliche Variante des Barock.

Aber die Baumeister hatten wohl die rege Erdbebentätigkeit der Region nicht mit in ihre statischen Berechnungen einbezogen. Das Gotteshaus stürzte ein und wurde erst Ende des 18. Jahrhunderts in seiner heutigen Form neu errichtet. Glücklicherweise blieb der Santo-Domingo-Kirche dieses Schicksal erspart, obwohl ihr Grundstein nur wenige Jahre später gelegt wurde. Die wuchtigen Türme lassen nicht vermuten, daß sich dahinter eine der verschwenderischsten Rokoko-Kirchen Mexikos verbirgt. Zwar gelang es dem Christentum, seinen Sieg über die alten Götter mit prachtvollen Altären, leuchtenden Malereien und aufwendigen Stuckarbeiten eindrucksvoll unter Beweis zu stellen, das indianische Erbe aber vermochte es in Oaxaca bis heute nicht mit der neuen Kultur ganz zu überdecken. Die alten zapotekischen Traditionen werden dem Besucher nicht nur anhand musealer Exponate hinter Glas vor Augen geführt, auf den Märkten der Stadt und der umliegenden Indianerdörfer kann er die Ergebnisse indianischen Kunstschaffens nicht nur bewundern, sondern zu zivilen Preisen sogar erwerben. Weder das Muster der berühmten Serapes, der Schulterdecken, hat sich im Laufe der Jahrhunderte geändert, noch das der Töpferware oder des filigranen Silberschmucks, für den die Region berühmt ist.

Puerto Vallarta und Ixtapa – neue Ziele am Pazifik

Über den Mangel an Sonne, Meer und Wärme, diesen Grundsubstanzen nordischer Ferienträume, kann sich Mexiko wahrlich nicht beklagen. Seit Acapulco bereits in den vierziger Jahren sein Gesicht vom einfachen Fischerdorf zur devisenbringenden Touristenhochburg verwandelte, ist man sich so recht seiner klimatischen Gunst bewußt geworden und versucht sich auch an den übrigen Küstenstrichen, um diese Goldgrube zu erschließen. Cancún an der Karibik folgte in den siebziger Jahren, Mazatlán zog schon seit jeher die Angler in seinen Bann, denen die recht öde Umgebung den Spaß nicht verderben konnte, solange die Fische die richtige Größe hatten. Schon bald gelang es auch dem Städtchen Puerto Vallarta, sich einen Platz an der touristischen Sonnenseite zu erobern und all jene Urlauber anzulocken, denen die mondäne, schon etwas gealterte Diva Acapulco nicht zusagte. Mit 40 Kilometer Strandlänge hatte der an der Bahia de Banderas liegende Fischerhafen allerdings auch einiges in die Waagschale zu werfen. Den Durchbruch brachte jedoch erst der Film »Die Nacht des Leguan«, der hier 1963 mit Liz Taylor und Richard Burton gedreht wurde und das Interesse der amerikanischen Kinobesucher entfachte. Amerikanische Schauspieler ließen sich hier Villen errichten und zogen viele Touristen nach sich. Seither kommen sie jährlich zu Tausenden, um in fast heimischer Umgebung den grauen Alltag im winterlichen Wyoming, Nebraska oder Oregon zu vergessen, nicht anders als die Deutschen an der Costa Brava oder auf Mallorca.

Für mexikanische Entfernungen schon fast in Rufweite Acapulcos liegt die Bademetropole Ixtapa, die sich mit modernen Ferienzentren an das alte Städtchen Zihutanejo anschmiegt, das urkundlich bereits 1534 erwähnt wurde.

Acapulco – mondäne Bucht mit Tradition

Die Krone der Badeorte aber nimmt Acapulco noch immer für sich in Anspruch, der mondäne Treffpunkt des Jet-set. Acapulco ist sicherlich mehr Statussymbol als Erholungsort; sich inmitten arrivierten Geldadels zu wissen, erscheint vielen wichtiger als die beschauliche Siesta im Schatten raschelnder Palmen. An Acapulco scheiden sich die Geister – je nach Mentalität jubeln die einen: »die Stadt, sie lebe hoch«, während andere

88 und 89 Mit dem Ausbau von Huatulco, einer zauberhaften Bucht an der südlichen Pazifikküste, versucht Mexiko, ein weiteres internationales Ferienzentrum zu schaffen. Unter den bisher wenigen Hotels zählt das neue Omni sicherlich zu den schönsten Anlagen.

sie nicht minder überzeugt als »Ferienfabrik« verdammen. Wie eine in Beton erstarrte Brandungswelle säumen die vielstöckigen Strandhotels die Ufer der Bucht, Motorboote ziehen weiße Schaumstreifen durch das tiefe Blau, bunte Segel flattern im lauen Wind. Diskotheken, Souvenirläden und Restaurants kämpfen um jeden Quadratmeter Boden an der kilometerlangen Promenade. Den Strand haben fliegende Händler unter sich aufgeteilt, um Sombreros, Limonaden und gekühlte Kokosnüsse zu vielfach überhöhten Preisen an den Mann zu bringen. Hornos, Caleta und Icacos heißen die palmengesäumten Strände, die sich um die weite Bucht ziehen und zum Faulenzen einladen; jeder hat seinen eigenen Charakter, sein eigenes Publikum. Die »Großen der Welt«, die Acapulco berühmt gemacht haben, trifft man hier freilich nicht mehr; sie ziehen die private Atmosphäre internationaler Luxushotels vor, die weit außerhalb der Stadt in künstlich bewässerten Gärten liegen wie königliche Residenzen und dafür auch fürstliche Preise verlangen.

Als die Spanier 1531 die zauberhafte Bucht von Acapulco entdeckten und zum Hafen ausbauten, taten sie das sicherlich nicht aus romantischen Gefühlen. An der von Steilabfällen und Sandbänken beherrschten Pazifikküste sind sichere Ankerplätze selten und geschützte Buchten ein Geschenk der Natur, das genutzt werden muß. Mit Ausdehnung des spanischen Kolonialimperiums auf die Philippinen gewann Acapulco als Umschlagplatz für Orientware zunehmend an Bedeutung. Seide, Porzellan, Teppiche und Gewürze wurden von den Manila-Galeonen über die Weiten des Pazifiks herantransportiert, um dann auf dem Rücken von Eseln den beschwerlichen Weg über die Gebirge und Hochländer zur Golfküste anzutreten, wo sie schließlich in den Rümpfen der für Spanien bestimmten Schiffe verschwanden. Aber auch englische, französische und holländische Seeräuber fanden an den Schätzen des Orients Gefallen und lauerten den aus Manila kommenden Seglern vor der Küste auf. Schließlich wurde das Anlaufen Acapulcos so gefährlich, daß Spanien seinen Fernosthandel ab 1779 vorzugsweise über den Indischen Ozean ab-

wickelte. Als Alexander von Humboldt zu Beginn des vergangenen Jahrhunderts den Pazifikhafen besuchte, war er wenig begeistert. »Die Bevölkerung dieser erbärmlichen Stadt, welche beinahe ausschließlich von farbigen Menschen bewohnt ist, beläuft sich zur Zeit der Ankunft der Galione von Manila auf 9000 Seelen, ist aber gewöhnlich nicht höher als 4000«, charakterisierte er das heutige Traumziel vieler Ferntouristen. Den endgültigen Niedergang als Hafenstadt erlebte Acapulco jedoch erst nach Erlangung der Unabhängigkeit Mexikos, die der Stadt das Handelsmonopol nahm und ihr dadurch das Leben eines bescheidenen Fischerortes beschied. Wo einmal Seide und Silber umgeschlagen worden waren, bunkerten jetzt allenfalls noch rußige Dampfschiffe auf ihrem Weg zum Panama-Kanal. Aus diesem Dornröschenschlaf tropischer Beschaulichkeit wurde der Ort erst nach dem Zweiten Weltkrieg gerissen, als amerikanische Grundstücksmakler – angelockt durch die 1927 fertiggestellte und 1935 ausgebaute Straßenverbindung mit Mexico City – den Weg ins »Paradies« fanden. Zunächst waren die Reichen noch unter sich, aber das Geschäft mit dem Massentourismus war zu verlockend. Hotel um Hotel wurde aus dem Boden gestampft, bis sich der Fischerort die Bezeichnung »mondän« zulegen und seine Wirtschaft ganz auf den Fremdenverkehr abstellen konnte. Langsam aber beginnt der Stern der Bademetropole zu verblassen und der turbulente Ferienort sich in ein Winterquartier für amerikanische Pensionäre zu verwandeln. Als neuer Stern am Tourismushimmel beginnt die etwa 200 Kilometer südlich Acapulcos liegende Ortschaft Huatulco zu leuchten. An den schönsten Stellen der buchtenreichen Küste haben sich bereits die ersten Hotels angesiedelt. Gehen die Wünsche der Regierung in Erfüllung, sollen hier einmal 35 000 Betten auf sonnenhungrige Urlauber warten.

Chiapas – Bergland der Indianer

*San Cristobal de las Casas –
alte Götter unter dem Kreuz*

Einen guten Einblick in die fremde, exotische Welt des Indianers erhält man auch

90 Das ehrwürdige Acapulco hat trotz seines großen Hotelangebots viel von seinem alten Charme verloren, erfreut sich aber aufgrund des geschützten Hafens bei Seglern nach wie vor größter Beliebtheit.

91 Fischgerichte, raffiniert verfeinert, oder wie hier, einfach in der Pfanne gebraten, gehören zu den Köstlichkeiten entlang der mexikanischen Küsten.

beim Besuch des östlich des Isthmus von Tehuantepec emporsteigenden Berglandes von Chiapas. In Tuxtla Gutiérrez, der Hauptstadt des Staates Chiapas, zeigt Mexiko mit Hochhäusern, breiten Autostraßen und Glasfassaden noch das moderne Gesicht des zwanzigsten Jahrhunderts. Kaum 20 Kilometer weiter jedoch, nach Verlassen des Valle Central, fühlt sich der Reisende um Jahrhunderte zurückversetzt. In steilen Serpentinen windet sich die Straße in die bewaldeten Berge, die Heimat der Indianer. Den Mittelpunkt bildet das Städtchen San Cristobal de las Casas, das bereits 1600 Meter höher liegt als das nur 80 Kilometer entfernte Tuxtla Gutiérrez und damit der Region der »Tierra Fria« angehört. Ihren Namen verdankt die Stadt dem spanischen Geistlichen Bartolomé de las Casas, der bereits zu Beginn der Eroberung und Besiedlung Amerikas gegen die Unterdrückung und Ausbeutung der Eingeborenen zu Felde zog und dem es schließlich gelang, den spanischen König gegen den Widerstand der Siedler zum Erlaß der Indianerschutzgesetze zu bewegen.

In der Anlage zeigt San Cristobal das übliche Muster einer spanischen Kolonialstadt, die Atmosphäre jedoch ist indianisch. Die Stadt ist in Distrikte unterteilt, in denen die Angehörigen der verschiedenen Indianerstämme leben, die alle dem Volk der Tzotzil angehören und dem täglichen Markttreiben durch ihre unterschiedlichen Kostüme eine exotische Note verleihen. Jeden Morgen ziehen die Mitglieder der Chamulanen mit ihren sackartigen Hosen und weißen oder dunklen Serapes (Umhängen), die Tenejapas mit ihren knielangen, dunklen Tuniken und den flachen Strohhüten und die Zinacanteken mit ihren kurzen Hosen und rosafarbenen Blusen schwer bepackt mit Korbwaren und Säcken zum Markt. Wie Schemen huschen die Gruppen geräuschlos durch den kalten Nebel der Morgendämmerung. Aus den entlegeneren Dörfern kommen die Marktbesucher mit altertümlichen Lastwagen, dem üblichen Transportmittel der nur auf Feldwegen zu erreichenden Regionen. Noch vor Sonnenaufgang herrscht reges Treiben auf dem Markt. Kindern und alten Leuten wird von der Ladefläche der Autos geholfen, es folgen Schweine, die sich laut quiekend gegen den Strick wehren, dann kommen Säcke und Kisten mit Feldfrüchten, Tomaten, Gemüse, Kartoffeln und Mais, immer wieder Mais, das Grundnahrungsmittel der Indianer seit vorspanischer Zeit. Kleine Feuer glimmen, um die beißende Kälte des frühen Morgens zu vertreiben. San Cristobal liegt über 2200 Meter hoch und läßt zumindest in diesen Stunden vergessen, daß man sich in den Tropen befindet. Mit dem Höhersteigen der Sonne erwachen die in dicke Ponchos gehüllten Indianer zu ungeahntem Leben, und der Markt gewinnt an Lautstärke. Bald finden sich die ersten Touristen ein, in der Hoffnung, durch das Frühaufstehen zumindest kurzfristig die Illusion der Exklusivität zu genießen. Andere, die genauso gedacht haben, werden geflissentlich übersehen. Dabei wäre Solidarität eher angebracht, denn die Einheimischen betrachten die Gringos mit unverholenem Mißtrauen, vor allem dann, wenn sie das Teufelswerk einer Kamera um den Hals hängen haben – und welcher Tourist hätte das nicht! Wie es heißt, fürchten die Indianer um ihre Seele; mit ein paar Pesos sind diese Bedenken jedoch schnell zerstreut, und kein Greis und Kind lassen sich ablichten, ohne ihren Obolus zu fordern. Für das Fotografieren im nahe gelegenen Dorf Chamula muß sogar eine Erlaubnis beantragt werden, die man gegen Bezahlung auch sofort erhält, ohne damit allerdings gegen weitere Forderungen der Bewohner gefeit zu sein.

Stärker als die meisten anderen Indianergemeinschaften fühlen sich die Chamulanen ihren Vorfahren verbunden. Sie sprechen nicht nur den alten Mayadialekt Tzotzil, auch in ihren religiösen Praktiken ist trotz der Bekehrungsversuche der katholischen Kirche die alte Götterwelt lebendig geblieben. Zwar finden sich in der Dorfkirche und in den umliegenden kleinen Kapellen Heiligenfiguren, vor denen Indianerfrauen in tiefer Ergebenheit knien, Kerzen opfern und ein intensives Gespräch mit der hölzernen Figur führen. Hinter den hellen europäischen Gesichtern der Heiligen verbirgt sich jedoch das Pantheon der alten Erdgötter: Jesus wird als Sonnengott, seine Mutter Maria als Mondgöttin verehrt, Johannes der Täufer zum Vater der Erdgeister erhoben.

92 Das nahe der guatemaltekischen Grenze im Bergland von Chiapas gelegene Städtchen Comitán hat trotz zunehmender Motorisierung seinen kolonialen Charakter bewahren können.

93 bis 95 Die kleine Gemeinde Chamula bei San Cristobal in Chiapas ist noch immer tief in ihren indianischen Traditionen verwurzelt und feiert den Karneval in einer ausgelassenen Mischung aus präkolumbianischen Riten und christlicher Heiligenverehrung.

Chamula – im Rausch des Karnevals

Einmal im Jahr, während des Karnevals, kommen die Indianer in der 1100-Seelen-Gemeinde Chamula von nah und fern zusammen, um fünf Tage lang dieses größte Fest des Jahres zu begehen. Die Feiern stehen im Zeichen von Opfergaben und rituellen Tänzen, begleitet von monotoner Musik und von der Weihe der heiligen Banner, die nur während des Karnevals und zu Ostern außerhalb der Kirche gezeigt werden dürfen. Vergeblich wird man nach einem katholischen Priester oder Kruzifix in der Prozession Ausschau halten, wenn auch das Kreuz und die Glocken auf dem Kirchturm signalisieren, daß hier im Bergland von Chiapas das Christentum längst Einzug gehalten hat. Während die geweihten Fahnen unter dem ohrenbetäubenden Lärm von Trommeln und Hörnern im Laufschritt um den Kirchplatz getragen werden, geht der Marktbetrieb weiter. Hier finden sich die Frauen ein, die bei den rituellen Handlungen keinen Platz haben und sich in die Rolle von Statisten gedrängt sehen. Nein, Karneval in Chamula ist ein Fest der Männer! In kleinen Gruppen ziehen vermummte Musikanten in bunter Flickenkleidung durchs Dorf. Auf ihren als heilig geltenden Instrumenten – Harfe, Geige und Ziehharmonika – spielen sie immer wieder die gleiche monotone, aber harmonische Melodie, die dem Besucher nicht mehr aus dem Ohr geht und ihn sogar noch aus dem Radio verfolgt. So einfach die Tonfolge auch ist, man wird nicht müde, ihr zuzuhören, und bald summt sie jeder mit. Je später die Tageszeit, desto intensiver kreist die Flasche mit hochprozentigem Pos, einem selbstgebrannten Rum. Immer häufiger sieht man jetzt schwankende Gestalten, immer öfter am Wegesrand Hingesunkene, die dort ihren Rausch ausschlafen. Vom Balkon des Bürgermeisteramtes wohnen die Honoratioren in bunten Festgewändern den Veranstaltungen bei, die Hand am silberbeschlagenen Knauf ihres Mahagonistockes, dem Zeichen ihrer Würde.

Eine ganz andere Aufgabe haben die Holzstöcke der Polizeitruppe zu erfüllen. Die Knüppel werden wie ein Gewehr am Riemen über der Schulter getragen und gelten hier als Zeichen der Exekutivgewalt. Sei

es, um während der »tollen Tage« in Chamula für Ruhe und Ordnung zu sorgen, sei es, um die Fremden vor Belästigung betrunkener Indianer zu schützen, sei es, um Schlägereien untereinander zu beenden: die Polizisten haben ständig alle Hände voll zu tun, und oft sieht man sie, gewissermaßen als Überfallkommando, die Wache im Laufschritt verlassen. An der rückwärtigen Seite des Bürgermeisteramtes befindet sich eine vergitterte Tür, durch die sich manchmal hilfesuchende Arme recken, um ein paar Zigaretten von der neugierigen Menge zu erbetteln. Es ist die kleine Zelle des Gefängnisses, in der man ab und zu neben den indianischen Physiognomien auch das helle Gesicht eines Europäers entdeckt, der es wohl nicht lassen konnte, trotz strengen Verbots und zahlreicher Wachtposten das malerische Treiben zu fotografieren.

Wie die Karnevalsmelodie wiederholen sich auch die Riten ständig. Über brennendem Kopalharz werden die Banner der Heiligen vor der Kirche geweiht, um dann im Dauerlauf unter ekstatischem Geschrei zu einem der vier heiligen Plätze getragen zu werden. Dort pflanzt man sie um ein großes Holzkreuz, taucht sie erneut in Weihrauchdunst und hofft, daß darin die Wünsche zu den Göttern emporsteigen mögen. Die dünnen Lehmwände der strohgedeckten Hütten erzittern unter explodierenden Feuerwerkskörpern, gefährlich zischend jagen Raketen in den Himmel und zerbersten mit ohrenbetäubendem Knall über der Menge. Abschluß und Höhepunkt der spektakulären Festtage bildet der Feuerlauf zu Ehren des Schutzpatrons, Johannes des Täufers. Über brennendes Strohfeuer, hin und zurück, springt die Phalanx der Fahnenträger, angefeuert durch das Geschrei Tausender von Zuschauern. So durch das Feuer »gereinigt«, werden die Banner wieder der Kirche übergeben, wo sie im milden Licht von Hunderten brennender Kerzen auf das nächste Fest warten.

Der Golf – Mexikos Wiege und Hoffnung

Auch die Küsten des Golfs von Mexiko, die sich in einem weiten Bogen von der Grenze der Vereinigten Staaten bis nach Yucatán

96 Tief hat sich der heute aufgestaute Río Grijalva in das Gebirge bei Tuxtla Gutiérrez eingeschnitten und den über zwanzig Kilometer langen Sumidero Canyon geformt.

ziehen, grenzen an ein tropisch warmes Meer, können sich hinsichtlich der Bademöglichkeiten allerdings kaum mit Pazifik und Karibik messen. Sandbänke, Nehrungen und Salzsümpfe erschweren den Zugang zum Wasser, das Klima gehört zu den schlechtesten des Landes. Vor allem der Süden der Golfküste trägt ausgeprägt tropische Züge. Über 4500 Millimeter Regen fallen jährlich an den Hängen des Berglandes von Chiapas, und die Temperaturen sinken kaum jemals unter 25 Grad Celsius. Der nördliche Küstenabschnitt ist hingegen oftmals arktischen Luftmassen ausgesetzt, die ungehindert ihren Weg über die weiten Ebenen von Texas und Oklahoma nehmen und sich hin und wieder sogar in Yucatán durch Temperaturstürze bemerkbar machen.

Fluß- und Meeresablagerungen haben hier eine flache Schwemmlandküste entstehen lassen, die sich noch immer Stück für Stück in den Golf schiebt und im Norden bis nach Louisiana reicht. Die durch tiefe Canyons von der Sierra Madre Oriental herabschießenden Flüsse transportieren Sand und Geröll in die Flußmündungen, wo beides von der Strömung zu langen Kiesbänken verwirbelt wird, hinter denen sich Lagunen und Strandseen bilden.

Nicht nur die Kräfte der Natur, auch Bulldozer und andere Erdbewegungsmaschinen verändern das Gesicht der Küste, schütten Lagunen zu, ebnen Hügel ein und fressen sich durch Berge, um noch mehr Raum zu schaffen für Pipelines, Tanks und Raffinerien. Die Golfküste zwischen Tampico und Villahermosa wird vom Erdöl regiert. Gasfackeln, wippende Pumpen und Bohrtürme begleiten den Autofahrer auf der Ruta 180, der Küstenstraße entlang des Golfs, die dem sprunghaft wachsenden Verkehrsaufkommen längst nicht mehr Herr wird. Eingekeilt in Tankwagenkolonnen, von Dieselabgasen umweht, schiebt sich der Autofahrer durch die tropische Schwüle des Tieflandes und denkt mit Sehnsucht an die kühlen Bergregionen oder ein Bad in der donnernden Brandung von Cancún. Versöhnlich stimmt erst wieder der Besuch der Inseln vor der Laguna de Términos, die nach dem Ausbau der Straße durch das Landesinnere vom Hauptstrom des Verkehrs abgeschnitten wurden. Wer diese mit ihren Kokospalmen und Meeresfrüchten lockenden Inseln besuchen will, sollte Muße und Geduld mitbringen, um stundenlange Wartezeiten an der Fähre sowie das Risiko auf sich nehmen zu können, wegen eines plötzlich aufziehenden Sturmes für einige Tage dort festgehalten zu werden.

Olmeken –
Menschen aus dem Gummiland

Nicht erst in unseren Tagen erfüllt die Golfküste ihre Bedeutung als Lebens- und Wirtschaftsraum. Zwar ist nicht sicher, daß die Wiege präkolumbianischer Kulturen überhaupt auf mexikanischem Boden gestanden hat, aber wenn man sie hier vermuten darf, dann doch am ehesten in den sumpfigen, moskitoverseuchten Küstenniederungen des Golfs von Mexiko.

Als amerikanische Archäologen 1938 inmitten des flachen, baumlosen Graslandes, das heute von flackernden Erdgasfackeln und dem Stahlgeripppe der Bohrtürme überragt wird, Reste von Pyramiden und Tempeln freilegten, die sich auf eine kleine, von Sümpfen umgebene Insel konzentrierten, ordneten sie die Funde zunächst der klassischen Epoche zu. Datierungen mittels der Radiokarbon-Methode bewiesen jedoch, daß lange vor Teotihuacán, dem ersten Zentrum klassischer Zeit, hier in den Sümpfen eine hochentwickelte Kultur existiert hat. Diese Erkenntnis bedeutete nicht nur eine Sensation, sie warf auch zahlreiche Fragen auf, die bis heute nicht zu beantworten sind: Wer waren diese Menschen, woher kamen sie, wann haben sie ihre Kultur entwickelt? Auch fünfzig Jahre nach den aufsehenerregenden Entdeckungen von *La Venta*, Tres Zapotes und San Lorenzo liegt die Geschichte dieses Volkes noch im dunkeln, das, obwohl es in der Vorklassik lebte, bereits Merkmale der Klassik aufwies, wie Schrift, Kalender und Kultbauten. Die Archäologen gaben ihm den Namen Olmeken, Menschen aus dem Gummiland.

Charakteristisch für die Bewohner der Golfküste, die bereits 1200 Jahre vor unserer Zeitrechnung Tempelstädte gebaut haben, waren jedoch nicht kunstvolle oder monumentale Pyramiden, wie wir sie aus Yucatán und dem Hochland kennen. Mit

97 Monumentale Köpfe sind Kennzeichen der noch immer rätselhaften Kultur der Olmeken, die ihren Schwerpunkt in der Küstenregion des Golfs hatte, lange bevor Mayas, Azteken und Zapoteken in das Licht der Geschichte traten.

Skulpturen und Reliefs haben sich die Olmeken ein Denkmal für die Ewigkeit gesetzt, mit einem ausdrucksvollen Realismus, der archaische Kraft ausstrahlt, wie sie in dieser Intensität nirgendwo sonst in Mexiko anzutreffen ist. Am bekanntesten sind die monumentalen Basaltköpfe, bis zu 2,50 Meter hohe und 20 Tonnen schwere Kolosse, die nur unter größten Mühen aus weit entfernten Steinbrüchen zu den Kultstätten von La Venta und San Lorenzo zu transportieren waren. Heute sind sie in einem kleinen Park in *Villahermosa* ausgestellt und so dem interessierten Besucher leichter zugänglich. Alle zeigen die gleichen unverwechselbaren Merkmale: eine breite flache Nase und wulstige dicke Lippen. Deutlicher noch treten diese Züge in der Kleinplastik hervor, den aus Jade geschnittenen Köpfen, in denen die Verschmelzung von Jaguar und Mensch zum Ausdruck kommt und die ihrer eigenartigen Physiognomie wegen von den Archäologen auch »Babyfaces« genannt werden. Vielleicht ist es mehr als nur ein Zufall, daß etwa zur gleichen Zeit auch im fernen Südamerika, in Chavín de Huantar in der Weißen Kordillere Perus, der Jaguar im Mittelpunkt religiöser Verehrung stand. Der eindeutige Nachweis dieser Beziehung ist allerdings bisher ebensowenig gelungen wie die Interpretation der Figuren; einige Forscher halten die olmekischen Plastiken für die Darstellung eines Vorläufers des Regengottes Chac beziehungsweise Tlaloc, der in der Götterwelt der späteren Reiche eine beherrschende Stellung einnimmt.

Aber nicht allein im religiösen Bereich war das Volk aus dem Gummiland richtungweisend. Hieroglyphenschrift und Kalender, beides zentrale Elemente der präkolumbianischen Zivilisationen, sind zumindest in Ansätzen erkennbar und geben Zeugnis vom hohen Stand dieser »Urkultur«. Das Rätsel liegt für uns vor allem in ihrem plötzlichen Erscheinen und dem Fehlen der sonst üblichen Phase langsamen Heranreifens. Am ausgeprägtesten treten die Einflüsse olmekischer Lebensweise bei den benachbarten Mayas in Erscheinung, die Altäre und Stelen, vor allem aber den Kalender übernahmen und ihn zu einem chronologischen System höchster Vollendung verfeinerten. Aber auch im fernen Oaxaca oder in Teoti-

huacán ist vererbtes olmekisches Kulturgebiet nachweisbar, lange nachdem die Tempelstädte der Golfküste schon wieder verlassen worden waren, denn bereits im fünften oder vierten Jahrhundert vor Christus versank das Reich der Olmeken so rätselhaft, wie es 1000 Jahre zuvor entstanden war.

El Tajín – Tempelstadt des Blitzes

Wie groß der Schritt zurück in die Vergangenheit Mexikos ist, läßt sich wohl kaum deutlicher erfahren als beim Besuch der wichtigsten Ausgrabungsstätte der theokratischen Epoche im Bereich der Golfküste, der Ruinenstadt El Tajín, der Blitz. Eben noch durchfuhr man die Industriestadt Poza Rica, wo Tanklager, Pipelines und Raffinerien gleichsam als Tempel des Industriezeitalters die Zivilisation unserer Tage repräsentieren, um dann, nur einige Kilometer entfernt, den Zeugnissen eines vergessenen Volkes gegenüberzustehen, das anderen, uns fremden Göttern huldigte.

Auch über die Erbauer dieser Tempelanlage wissen wir recht wenig. Auf einer Fläche von mehr als 50 Hektar verstreut liegen die Bauwerke eingebettet in das üppige Grün tropischer Landschaft, die jedes Jahr für Monate im Regen ertrinkt. Zwar sind die Ruinen schon seit 1785 bekannt, aber erst 1938 setzten die Forscher den Spaten an. Obwohl der Schleier des Geheimnisvollen noch lange nicht wirklich gelüftet ist, läßt sich bereits heute diese Zivilisation der Golfküste einigermaßen sicher in das Gesamtbild der mexikanischen Kulturen einordnen. Die Errichtung der Tempel und Pyramiden schreibt man den Vorläufern der heute noch in dieser Region lebenden Totonaken zu. Zwischen dem sechsten und neunten Jahrhundert erlebte El Tajín seine Blüte, zu einer Zeit also, in der Teotihuacán das Hochland beherrschte, und auch Monte Albán, das Zentrum der Zapoteken, auf dem Höhepunkt seiner Macht stand. Die Anfänge von El Tajín reichen aber wohl wesentlich weiter zurück; einige Wissenschaftler vermuten, daß die Gründung des mächtigen Teotihuacán, die bereits im ersten vorchristlichen Jahrhundert erfolgte, auf Einwanderer aus dem Gebiet der Golfküste zurückgeht. Daß der Kulturaustausch aber auch in

98 El Tajín, die bei Veracruz gelegene Hauptstadt der Totonaken, hatte seine Blütezeit zwischen dem 3. und 10. Jahrhundert. Wahrzeichen ist diese eigentümliche Stufenpyramide mit 364 Nischen, die zusammen mit der Spitze die Zahl der Tage eines Jahres symbolisieren und sicherlich einmal mit Figuren ausgestattet waren.

der anderen Richtung wirkte, zeigt die Übernahme typischer Merkmale der Hochlandvölker, wie das Mäandermotiv und die Formgebung der Keramik, durch die Bewohner El Tajíns.

Über die religiösen Praktiken der Bewohner El Tajíns ist ebenfalls wenig bekannt. Eine große Bedeutung kam wohl dem rituellen Ballspiel zu, denn allein 17 dafür vorgesehene Plätze sind bisher freigelegt worden. Herausragendes Bauwerk der Kultstätte ist jedoch die in sieben Stufen emporsteigende, 25 Meter hohe Pyramide, deren senkrechte Absätze mit Nischen durchsetzt sind, eine lokale Eigenart totonakischer Architektur. Auch einige andere Kultgegenstände sind nie über den Rahmen regionaler Bedeutung hinausgelangt und bereiten den Forschern daher mancherlei Kopfzerbrechen. So etwa die als »Joch« bezeichneten und mit Reliefs verzierten steinernen Hufeisen oder die Votiväxten ähnelnden Funde. Zu Beginn der neunziger Jahre wurden auf dem Gelände umfangreiche Grabungen und Restaurierungsarbeiten durchgeführt, die nicht nur zur Rekonstruktion der Nischenpyramide führten, sondern auch eine erhebliche Erweiterung der Ausgrabungsstätte mit sich brachten und die Vermutungen der Archäologen bestätigten, daß hier wohl die Ursprünge des kultischen Ballspiels lagen.

Veracruz – Spaniens Tor zur Neuen Welt

Die Eroberung Mexikos durch die Spanier steht ebenfalls in enger Beziehung zur Golfküste. Am 21. April 1519 betrat Cortés an der Stelle der heutigen Stadt Veracruz zum ersten Mal mexikanisches Festland und gründete nicht weit entfernt die Siedlung Villa Rica de Vera Cruz, »den reichen Ort des wahren Kreuzes«, womit er nur zu deutlich die Wünsche, Hoffnungen und Ziele der Eroberer zum Ausdruck brachte.

Trotz des ungesunden Klimas – lange Zeit war die sumpfige Küstenebene Brutherd für Gelbfieber und Malaria – entwickelte sich Veracruz zum wichtigsten Hafen des Landes, zum Tor nach Nueva España, über das der gesamte Ein- und Ausfuhrhandel abgewickelt werden mußte. Hier gingen die Einwanderer an Land, von hier aus verließen

die Silberschiffe die Kolonie zu ihren gefährlichen Reisen über den Ozean, bedroht von Stürmen, Riffen und Piraten. Der Zufall wollte es, daß in Veracruz nicht nur die Geburtsstunde der Kolonialherrschaft schlug, in dieser Stadt endete sie auch, als sich 1821 der hierher geflüchtete letzte Vizekönig den Offizieren Iturbides ergab. In den Wirren der nun ausbrechenden Bürgerkriege sah Veracruz mehrfach ausländische Besatzungstruppen: von 1861 bis 1867 wehte die Flagge Frankreichs über den Dächern, 1914 landete ein amerikanisches Expeditionskorps, um den Diktator Huerta zu stürzen. Dennoch blieb der Stadt das Schicksal Acapulcos erspart, sie fiel nicht zurück in die Lethargie eines kaum beachteten Fischerdorfes, sondern vermochte sich als wichtigster Hafen des Landes zu behaupten. An die bewegten Zeiten erinnern heute noch Festungen und Verteidigungsanlagen wie das Fort Santiago oder die Hafenbastion San Juan de Ulúa, die einst die auf Reede liegenden Schiffe gegen Überfälle der Piraten schützen sollten.

Seit Charterflugzeuge die weißen Passagierdampfer ersetzt haben, die früher in Veracruz die Scharen der Touristen an Land setzten, hat der Hafen ein industrielles Gesicht bekommen. Zu Hunderten liegen die Container vor den Schuppen, und von den einst stolzen Gebäuden blättert der Putz. Die ehemals feudalen Hotels um den alten Leuchtturm sind zu drittklassigen Absteigen verkommen, die Restaurants unter den Arkaden am kleinen Zócalo zu Kneipen abgestiegen. Ein Aushängeschild ist der Hafen gewiß nicht mehr. Das Stadtzentrum hat sich mittlerweile nach Süden verlagert und scheint etwas beschämt auf den verlorenen Glanz zu blicken.

Yucatán – das Erbe der Mayas

Den Namen Yucatán trägt jene Halbinsel, die sich von der schmalen Landbrücke im Süden Mexikos unvermittelt in den Atlantik vorschiebt und damit die Trennung zwischen dem berüchtigten Golf von Mexiko und der Zauberwelt der Karibischen See vollzieht. Als spanische Seefahrer 1506 die Küste sichteten, glaubten sie, eine der vielen Inseln der Karibik vor sich zu haben und tauften

99 Veracruz, Landeplatz des Eroberers Hernán Cortés im Jahre 1519, ist noch immer die bedeutendste Hafenstadt des Landes, konnte ihr koloniales Erbe allerdings nur in einem kleinen Bereich um das alte Zentrum bewahren.

ihre Entdeckung Isla de Santa Maria de los Remidios. Und in der Tat weist Yucatán trotz seiner Verbindung mit dem Festland sowohl in der naturräumlichen Gestalt als auch in der kulturellen Entwicklung durchaus inselhafte Züge auf. Schon im geologischen Aufbau unterscheidet sich die Halbinsel wesentlich von den übrigen Regionen des Landes. Den Untergrund bildet eine mächtige, durch maritime Ablagerungen entstandene Kalktafel, die später über den Meeresspiegel gehoben wurde. Und flach wie der Boden des Ozeans bietet sich das Land dem Beschauer noch heute dar, nur hin und wieder durch kleinere Hügelketten wie die Puuc-Berge durchbrochen. Gleich einem riesigen Schwamm saugt der poröse Boden die Niederschläge auf und führt sie unterirdischen Flüssen zu, die das Erdinnere im Laufe der Jahrmillionen in ein Labyrinth aus Höhlen, Grotten und Gängen zerfurcht haben, eine Landschaftsform, die den Namen Karst trägt. Auf der Oberfläche hat sich durch das schnelle Versickern der Regenfälle nur eine dünne Humusschicht bilden können, die immer wieder durch zerklüftetes Kalkgestein durchbrochen wird und so den Ackerbau lediglich auf verstreut liegenden Parzellen ermöglicht.

Neben diesem Mangel an fruchtbarem Boden ist die Wasserversorgung zentrales Thema in der Besiedlungsgeschichte der Halbinsel. Durchquert man das Zentrum Yucatáns mit seinem monotonen Buschwald, drängt sich unvermeidlich die Frage auf, wie ausgerechnet in dieser öden, menschenfeindlichen Karstlandschaft eine der bemerkenswertesten Zivilisationen der Menschheitsgeschichte hat Fuß fassen und jene kulturellen und künstlerischen Leistungen vollbringen können, vor denen wir heute mit Staunen und Ehrfurcht stehen. Vermutungen, daß durch Veränderung des Großklimas eine Verschlechterung der Lebensbedingungen eingetreten sei, haben sich bisher nicht bestätigt. Bereits zu Zeiten der Mayas war die Halbinsel wohl mit Buschwald bedeckt, der sich aus dornigen Sträuchern, Agaven und einigen anderen Kakteenarten zusammensetzte. Aufgrund der geographischen Breite und der einförmigen Oberflächengestalt ist das Klima von tropischem Gleichmaß; nur um wenige Gra-

de schwanken die Temperaturen im Jahresablauf, so daß sich Jahreszeiten nur durch den Wechsel von trockenen und feuchten Perioden ergeben. Im Norden, bei Merida, währt die Regenzeit nur kurz, und die Niederschläge reichen kaum für die kargen Gras- und Strauchsteppen. Nach Süden zu, dort, wo die Halbinsel an den Festlandsockel anschließt, steigen die Regenmengen auf über 3000 Millimeter pro Jahr: mehr als genug, um undurchdringlichen Urwald wuchern zu lassen.

Als die Spanier an den mit Mangroven und Palmen bestandenen Küsten landeten, sahen sie sich bitter enttäuscht. Dies glich nicht dem Goldland ihrer Träume. Die Bevölkerung lebte bescheiden und ärmlich in strohgedeckten Hütten rings um die lebenspendenden Wasserlöcher. Diesen natürlichen Brunnen ist es zu verdanken, daß sich überhaupt Menschen ansiedeln konnten. Immer wieder haben die unterirdischen Flüsse das Kalkgestein so weit ausgehöhlt, daß die Oberfläche einbrach und damit den Grundwasserspiegel freilegte. Noch heute versorgen sich die meisten Dörfer aus diesen – *Cenote* genannten – Reservoirs. Die großartige Kultur der Mayas, die mit dem Namen Yucatán so eng verbunden ist, hatte bereits vor Ankunft der Europäer durch Kämpfe zwischen den einzelnen Fürstengeschlechtern ihren Todesstoß erhalten. Die meisten Tempelstädte waren verlassen, die prunkvollen Kulthandlungen vergessen, die künstlerischen Fähigkeiten verkümmert.

Die Spanier beschränkten sich zunächst darauf, ihre Anwesenheit durch Festungen zu dokumentieren, die den Zugang zu den reicheren Landstrichen vor dem Zugriff mißgünstiger Nationen und habgieriger Piraten sichern sollten. Das Landesinnere lockte zu Beginn wohl wenig, denn bis zum 17. Jahrhundert war Yucatán – ähnlich wie Baja California, eine andere Randlandschaft der Kolonie – auf den Karten als Insel ausgewiesen. Erschwert wurde der Zugang überdies durch den zähen Widerstand der Eingeborenen, denen es in siebenjährigem Untergrundkampf gelang, die europäischen Eindringlinge 1533 zu vertreiben. Durch Rückzug in abgelegene Waldregionen unter Mitnahme aller Vorräte vermochten die Indianer auch den zweiten Siedlungsversuch

100 Die wagemutigen Darbietungen der »Voladores« von Tajín, heute eine Touristenattraktion, standen früher im Mittelpunkt kultischer Handlung und symbolisierten den Kreislauf der Gestirne.

zu vereiteln. Erst als es den Spaniern 1540 glückte, ein 50 000 Mann starkes Maya-Heer vernichtend zu schlagen, brach der Widerstand. Die Kolonialherrschaft erstreckte sich zunächst jedoch nur auf den Norden; die feucht-heißen Urwälder von Chiapas und Tabasco blieben noch lange außerhalb des spanischen Einflußbereichs. Aber auch im Norden, wo 1542 die Stadt Merida als Verwaltungszentrum gegründet worden war, kam es immer wieder zu Aufständen gegen das oftmals grausame Regime der neuen Machthaber.

Die letzte Erhebung der Mayas liegt weniger als 150 Jahre zurück und fällt damit bereits in die nachspanische Zeit. Im Versuch, ein von der Zentralregierung unabhängiges Yucatán zu erkämpfen, in dem die Indianer als gleichberechtigte Bürger anerkannt werden sollten, belagerte eine indianische Streitmacht Merida und zog nur ab, weil die früh einsetzende Regenzeit die Bestellung der Äcker erzwang. Im Untergrund aber tobte der Kampf unvermindert fort und weitete sich zum erbarmungslosen »Guerra de Castas«, einem Kastenkrieg aus, dem ganze Dörfer zum Opfer fielen; Haciendas von Weißen wurden niedergebrannt, Treibjagden auf Indianer veranstaltet. Über die Hälfte der Bevölkerung Yucatáns kam in diesem letzten großen Aufstand ums Leben, das Land wurde um Jahrzehnte in seiner Entwicklung zurückgeworfen.

Die Wiederbelebung der Wirtschaft verdankte die Halbinsel einer einzigen Pflanze, der Henequén-Agave, die den ehemals für den Schiffbau begehrten *Sisal-Hanf* liefert. Nordyucatán erwies sich als idealer Standort für das anspruchslose Gewächs, das sich mit einer dünnen Bodenkrume begnügt und seinen Wasserbedarf aus dem morgendlichen Tau und der feuchtigkeitsgesättigten Luft deckt. Sieben Jahre nach dem Setzen der Schößlinge ist die Agave schnittreif; zweimal pro Jahr werden die schmalen, grünschimmernden Blätter geschlagen und ihre Fasern in einem einfachen Prozeß aus dem Fleisch gelöst. Nach elf Jahren liefert die Pflanze den höchsten Ertrag, nach 18 Jahren entwickelt sie einen viele Meter hohen Blütenständer und stirbt dann ab. Noch heute kann man in der Umgebung von Merida Si-

salfabriken besuchen, deren Produktionsmethoden sich seit hundert Jahren kaum verändert haben. Damals besaß die Halbinsel das Weltmonopol in der Sisalgewinnung, und die Region um die Hauptstadt hatte sich in eine Monokultur verwandelt, die von sauber ausgerichteten Agavenreihen und den wie Inseln inmitten der Felder liegenden Haciendas bestimmt wurde. Mit dem Siegeszug der Kunststoffasern verlor das Naturprodukt zunehmend an Bedeutung; die herrschaftlichen Villen verfielen, die Felder verwilderten und wurden schließlich wieder von der Dornbuschsavanne zurückerobert.

Die Griechen der Neuen Welt

Den wichtigsten Wirtschaftszweig des zwanzigsten Jahrhunderts verdankt die Halbinsel den Vorfahren jener Bewohner, die von den Spaniern und später von den Mestizen als Menschen zweiter Klasse behandelt worden waren: den Mayas. Ohne die Relikte ihrer einzigartigen Kultur wäre Yucatán heute ein vergessener Winkel des Landes; so aber gehört der Besuch der Halbinsel zu den Höhepunkten einer jeden Mexikoreise. Namen wie Chichén-Itzá, Uxmal oder Palenque locken Tausende von Touristen an und rechtfertigen die Landung von Großraumflugzeugen aus den USA und Europa auf dem kleinen Flughafen von Merida. Von allen Kulturvölkern der Neuen Welt haben die Mayas im Bewußtsein der Europäer den wohl stärksten Eindruck hinterlassen. Durch den Beinamen »Griechen Amerikas« hat man sie aus der exotischen Eigenständigkeit der fremden Welt gelöst und sie, zumindest gedanklich, dem uns vertrauten abendländischen Raum zugeordnet. Wiederholt wurde der Versuch unternommen, durch gewagte Hypothesen direkte Bande zwischen Europa und dem Maya-Land zu knüpfen. Als Abkömmlinge der verlorenen Völker Israels wurden die Indianer Yucatáns ebenso gesehen wie als Schüler irischer Patres oder schiffbrüchiger Seeleute, die mit der Westwinddrift über den Atlantik verschlagen worden waren, lange bevor Kolumbus seine denkwürdige Reise antrat.

Diese Verklärung mag zum Teil damit zu begründen sein, daß die Zentren der ver-

101 Das aus der Henequen-Agave gewonnene Sisal verwandelte im 19. Jahrhundert weite Teile der Halbinsel Yucatán in eine Plantagenlandschaft, verlor mit Einzug der Kunstfasern dann aber schnell an Bedeutung.

gangenen Kultur nicht weit sichtbar in karger Landschaft liegen, sondern geheimnisvoll verborgen im Dämmerlicht dichter tropischer Vegetation. In den frühen Stichen und Beschreibungen schwingt noch der Zauber mit, dem die Entdecker und Forscher erlegen waren und der sie immer wieder in die Urwälder lockte: »Da ich gerade am Eingang zu dem Gebäude stand, als die Sonne unterging, warfen alle Bauwerke ringsum geheimnisvolle Schatten, unter denen die Terrassen verschwanden, so daß ich das Bild einer verzauberten Stadt vor mir zu haben meinte«, beschrieb John Lloyd Stephens (1805–1852), Diplomat, Amateurarchäologe und Forschungsreisender, Mitte des vergangenen Jahrhunderts in schwärmerischen Worten seine Eindrücke von Uxmal, der Ruinenstadt in den Puuc-Bergen. Sein Buch »Incidents of Travel in Central America, Chiapas und Yucatán« wurde zum Bestseller und lenkte das Augenmerk der westlichen Welt erstmals auf das vergessene Kulturvolk Mexikos.

Und mit Geheimnissen umgeben ist die Geschichte der Mayas bis heute: Warum wählten sie als einzige Hochkultur den Urwald als ihren Lebensraum? Warum verließen sie ihn wieder so plötzlich nach Jahrhunderten glanzvoller Entwicklung? Dies sind die zentralen Fragen, die noch immer nicht befriedigend beantwortet werden können. Entscheidend für die Beachtung, die diesem Kulturvolk geschenkt wurde und wird, ist jedoch weniger seine geheimnisvolle Geschichte, als vielmehr das Ausmaß seiner einzigartigen künstlerischen und wissenschaftlichen Leistungen auf den Gebieten der Architektur, Skulptur, Astronomie und Mathematik. Ausgrabungen haben bewiesen, daß die Anfänge auf olmekischen Einfluß zurückgehen, der sich mit Ausweitung des Handels über die Küstenprovinz des Golfs hinaus in die Wälder des Petén und das Bergland von Guatemala verbreitete. Vor allem die *Hieroglyphenschrift* regte die Phantasie der Forscher an und nährte die Hoffnung, hiermit einen Schlüssel zum Verständnis dieser fremden Zivilisation gefunden zu haben. Aber trotz intensiver Bemühungen ist es bis heute nicht gelungen, die Mayaschrift vollständig zu entziffern. Einige Forscher glauben, daß nur fünf Prozent

der Zeichen eindeutig identifizierbar sind, andere sind optimistischer und halten etwa ein Drittel für lesbar. Wichtigste Hilfsmittel für die Entzifferung der verlorengegangenen Schrift sind die Aufzeichnungen des Bischofs von Yucatán, Diego de Landa, der um 1560 einige Mayazeichen ins Spanische übersetzen ließ, nachdem er aus religiöser Verblendung alle Schriftstücke der alten Kultur hatte vernichten lassen. Nur vier größere Schriften entgingen der frühkolonialen Bücherverbrennung, darunter der sogenannte Dresden-Codex, der den Bibliothekar Ernst Förstemann Ende des vergangenen Jahrhunderts zu seiner Pionierarbeit anregte. Vierzehn Jahre lang widmete der Dresdner seine Freizeit der Mayaforschung und vermochte als erster, durch mühevolle Kleinarbeit Licht in das komplizierte *Kalendersystem* zu bringen, das im Mittelpunkt präkolumbianischen Lebens stand. Die Gewohnheit der Mayas, ihre Bauwerke und Stelen mit Daten zu versehen, erleichterte zwar die chronologische Einordnung, nach wie vor bildet aber die Koordinierung mit dem europäischen Kalender einen Streitpunkt unter den Archäologen. Die meisten schließen sich derzeit der Auffassung an, daß der Kalender der Mayas mit dem 11. August 3114 vor Christus beginnt, einem Zeitpunkt, der weit vor der Existenz dieses Volkes liegt und damit verdeutlicht, welchen Wert das Phänomen Zeit in dieser Kultur besaß. Chronologische Berechnungen, die Beobachtung der Gestirne und der Versuch, das sich bewegende Universum in Gleichklang mit den Jahreszeiten zu bringen, steigerten sich zur Besessenheit, zu einer Geheimwissenschaft, die nur einer kleinen Gruppe eingeweihter Priester an der Spitze zugänglich war. Für die einfachen Bauern, die verstreut in ihren strohgedeckten Hütten hausten – ganz so, wie es noch heute üblich ist –, lebten die Priester, Wahrsager und Astronomen in einer unverständlichen und fremden Welt, den Göttern näher als den Menschen.

Existenzgrundlage der dicht besiedelten Fürstentümer des tropischen Berglandes war Ackerbau in Verbindung mit Brandrodung, das sogenannte *Milpa-System*. Bei dieser extensiven Form der Landwirtschaft, wie sie noch in unseren Tagen in den In-

102 Der Palast von Sayil, einer Mayastadt aus dem 8. Jahrhundert, gehört mit dem sicheren Gefühl für Komposition und Harmonie in Verbindung mit der hohen Kunst der Steinbearbeitung zu den schönsten Baudenkmälern der spätklassischen Epoche.

103 Eine breite, steile Freitreppe führt zum Tempel der »Wahrsagerpyramide« von Uxmal, die zwischen dem 6. und 10. Jahrhundert in fünf Phasen durch Überbauung jeweils älterer Heiligtümer entstand.

dianergebieten von Chiapas und Tabasco zu finden ist, wird ein Stück Urwald gerodet, das geschlagene Holz verbrannt und die Asche als Dünger auf der Lichtung verteilt. Die Palette der angebauten Früchte war nicht so klein wie bisher angenommen. Neben den traditionellen Produkten wie Kürbis, Mais und Bohnen bereicherten Avocados, Tomaten und Süßkartoffeln den Speiseplan der Mayas, ergänzt durch Fischzucht in eigens angelegten Teichen.

Palenque – Juwel im Dschungel

Eindrucksvollstes Zeugnis der als »klassische Zeit« bezeichneten Epoche (300–900 n. Chr.) ist ohne Zweifel Palenque, die Ruinenstadt am Rande des Regenwaldes im Staate Chiapas. »In der ganzen abenteuerlichen Weltgeschichte hat mich nichts so tief beeindruckt wie diese einst wunderbare, großartige Stadt, jetzt zerstört, verwüstet, vergessen, durch Zufall wieder entdeckt, kilometerweit vom Urwald überwuchert und ohne Namen, an den man Erinnerungen knüpfen könnte«, schrieb Stephens, als er zusammen mit dem Zeichner Catherwood die Ruinen mit wissenschaftlicher Genauigkeit untersuchte. Auch für den Reisenden unserer Tage, der bequem mit dem Bus auf glatter Asphaltstraße anreist, werden die Ruinen zum unvergeßlichen Erlebnis.

Der immergrüne Regenwald mit seinen dreißig Meter hohen Baumriesen, dem verwobenen Gewirr aus Wurzeln, Lianen und Blattwerk bildet die imponierende Kulisse für die steinernen Monumente einer längst versunkenen Zivilisation. Etwa 10000 Quadratkilometer groß mochte das Fürstentum gewesen sein, als es im siebten Jahrhundert unter der besonnenen Führung von König Pacal zum religiösen und weltlichen Zentrum heranwuchs. Die Prinzipien der Anlage stehen ganz im Gegensatz zu der auf strenge Symmetrie bedachten Bauordnung der Hochlandkulturen von Teotihuacán, Tula und Monte Albán. Harmonisch fügen sich die Gebäude lose gestreut in die hügelige Waldlandschaft. Den Kern bildet der verschachtelte Komplex des Hauptpalastes, den ein eckiger Turm überragt, eine für Mittelamerika ungewöhnliche Konstruktion. Viele der Tempeldächer sind erhalten und offen-

baren das für die Maya-Architektur charakteristische Merkmal des »falschen Bogens«, ein Konstruktionselement, das rein dekorativen Zwecken dient. Die Baumeister haben hier versucht, die Strohdächer der einfachen Hütten in Stein nachzubilden, indem sie jede zu mauernde Schicht etwas weiter nach innen versetzten, wodurch es allerdings nur gelang, schmale Räume zu überspannen. Enge, fensterlose Hallen, die wie Gänge anmuten, gehören daher auch zu den typischen Kennzeichen der klassischen Mayastädte; wir finden sie ebenso in Tikal in Guatemala wie in Labná oder Uxmal im mittleren Yucatán.

Aber mehr noch als in der Architektur, in der wir vergeblich das Monumentale eines Teotihuacán oder Monte Albán suchen, zeigt sich die künstlerische Leistung der klassischen Maya-Epoche in den Reliefdarstellungen und Stuckdekorationen, mit denen die Bewohner ihre Tempel schmückten. Leider haben die ersten Forscher, vor allem Kapitän Antonio del Rio, der bereits 1787 im Auftrag des spanischen Königs Palenque besuchte, durch Abbrennen des Urwalds einen beträchtlichen Teil der Kunstschätze unwiederbringlich vernichtet. Dennoch gab es für die Archäologen unseres Jahrhunderts noch genug zu entdecken und durch sachgemäßes Konservieren der Nachwelt zu erhalten. So stieß der mexikanische Maya-Experte Alberto Ruz Lhuiller 1952 auf einen Schacht, der von der Plattform der »Pyramide der Inschriften« steil in die Tiefe führte. Als der Schutt weggeräumt war, standen die Archäologen vor der noch unangetasteten Gruft des Priesterkönigs Pacal. Nicht nur die reichen Grabbeigaben galten in Fachkreisen als Sensation, auch die Tatsache, daß die Pyramiden Mesoamerikas wohl nicht nur als Tempel, sondern auch als Grabmäler dienten, eröffnete neue Perspektiven. Die Spekulationen über Kontakte zur Alten Welt lebten wieder auf, denn vielen erschienen die Parallelen zu den ägyptischen Pyramiden als zu offensichtlich, um rein zufällig zu sein. Das kunstvoll geschnittene Relief auf der acht Tonnen schweren Grabplatte rückte durch die gewagten Hypothesen Erich von Dänikens, der es als Abbild eines Raumschiffs interpretiert, in den Mittelpunkt weltweiten Interesses.

104 Der Blick von der Pyramide der Inschriften in Palenque offenbart die komplexe Struktur der Palastanlage dieser am Rande des Urwalds liegenden Mayastadt aus der Zeit der Klassik des 6. Jahrhunderts.

105 Flachreliefs und Stelen mit Darstellungen hoher Würdenträger, wie hier in Palenque, sind Merkmale der klassischen Mayakulturen des Tieflandes.

Im neunten Jahrhundert wurden die Städte im Regenwaldgebiet plötzlich dem Verfall preisgegeben. In wenigen Jahrzehnten verschlang der wuchernde Dschungel Paläste und Tempel und löschte alle Erinnerungen an die klassische Epoche der Maya-Zivilisation aus. Der Lebensraum verlagerte sich nun in den nördlichen, trockenen Teil der Halbinsel Yucatán, wo bereits seit dem sechsten Jahrhundert Siedlungen und sogar Städte existierten. Über die Ursachen der plötzlichen Abwanderungen der Bevölkerung lassen sich nur Vermutungen anstellen. Die Verbreitung der Malaria wird dabei ebenso ins Feld geführt wie eine ökologische, durch übertriebene Brandrodung ausgelöste Katastrophe. Vielleicht hatte sich die Bevölkerung in den Jahrhunderten politischer Stabilität so stark vermehrt, daß die kargen Böden nicht mehr genug Nahrung lieferten und Hungersnöte die Region heimsuchten. Vieles spricht auch dafür, daß die Völkerwanderungen jener Epoche, denen die Theokratien des Zentralen Berglandes zum Opfer gefallen waren, sich bis ins Mayagebiet fortsetzten. Darstellungen von kriegerischen Ereignissen und die Anlage von Befestigungen deuten darauf hin, daß die Stadtstaaten sich vom achten Jahrhundert an äußerer Feinde erwehren mußten. Wahrscheinlich drangen die an der Küste wohnenden Putún-Mayas den Río Usumacinta, ein natürliches Einfallstor in den Petén, stromaufwärts vor und beendeten die Herrschaft der Priester in den abgelegenen Urwaldstädten.

Chichén-Itzá – toltekische Strenge

Die Verlagerung der Zentren der Maya-Zivilisation von der Regenwaldzone Guatemalas und Chiapas in die Karstlandschaft Nordyucatáns ging einher mit der Einwanderung toltekischer Stämme unter ihrem legendären Führer Topiltzin-Quetzalcóatl, der um 980 aus seiner Residenz Tollán vertrieben worden war. Mit seiner Hilfe gründete der Stamm der Itzá, von dem nicht bekannt ist, ob er toltekischer Herkunft war oder den Putún-Mayas angehörte, eine neue Herrscherdynastie mit der Hauptstadt Chichén-Itzá. Diese als Wallfahrtsort angelegte Kultstätte bestand schon seit vielen Jahrhunderten, ihre Entwicklung wurde jedoch erst durch die einfallenden Tolteken neu belebt. Fremde Götter, Herrschaftsstrukturen und Kunstrichtungen kennzeichneten diese Renaissance. Weltliche Herrscher lösten die Priesterkönige ab, der Gott der »gefiederten Schlange« fand Eingang in das Pantheon, der Opferkult gewann an Bedeutung, und schließlich wurde durch Zusammenhalt einiger Fürstentümer zum »Städtebund von Mayapán« ein Großreich nach dem Vorbild des Hochlandes geschaffen.

Die erste Hauptstadt der nachklassischen Reiche, Chichén-Itzá, was in der Mayasprache »der Brunnen der Itzá« bedeutet, zählt heute zu den meistbesuchten und bestrestaurierten Ruinenstädten Mexikos. Wie kein anderes Relikt aus der Mayazeit verdeutlicht sie die Verschmelzung toltekischer Formen mit Stilelementen der alteingesessenen Bewohner. Die Gebäude aus der Frühzeit, der sogenannte *Nonnenkomplex* etwa, tragen noch die unverfälschten Merkmale der klassischen Maya-Architektur und zeigen eine enge Anlehnung an den Baustil des weiter südlich liegenden Uxmal. Sie sind allerdings nur eine Randerscheinung im Gesamtbild der Anlage, die von der kantigen *Pyramide der »gefiederten Schlange«* beherrscht wird. In neun Absätzen verjüngt sich das Bauwerk bis zu einer 60 Meter hoch liegenden Plattform, die den Tempel des Kukulcán trägt, wie Quetzalcóatl in der Sprache der Mayas genannt wurde. Vier breite Freitreppen mit jeweils 91 Stufen führen zum Heiligtum, von dem aus man einen ungehinderten Blick über die Tempelstadt und die sie umgebende Buschlandschaft genießt. Wie auch im übrigen Mexiko hatte sich die Architektur den Regeln des chronologischen Systems zu unterwerfen. Es ist kein Zufall, daß die Gesamtzahl der Stufen einschließlich der Plattform 365 beträgt, die Anzahl der Tage eines Sonnenjahres.

Vor der Pyramide liegt als fast getreues Abbild des »Morgensterntempels« von Tula der *Palast der 1000 Säulen*. Auch die zahlreichen Kriegerdarstellungen und ein Fries mit Totenschädelreliefs zeigen die Hand der Tolteken und machen deutlich, daß sich mit ihrer Ankunft nicht nur ein Wandel in der

106 Hinter dem 25 Meter hohen Bauwerk der Kukulcan-Pyramide in Chichén-Itzá verbirgt sich tiefe kosmische Symbolik. Die neun Plattformen verkörpern die neun Unterwelten, die Zahl der Stufen addiert sich zu 365, die 52 hervorspringenden Platten der Verkleidung verdeutlichen den Zyklus des Sonnenjahres.

künstlerischen Gestaltung vollzogen hat, sondern darüber hinaus eine Hinwendung zu kriegerischen Praktiken und dem uns so grausam anmutenden Opferkult.

Ein breiter Prozessionsweg führt vom Hauptkomplex zum etwas abseits liegenden *Cenote*, dem die Stadt ihren Namen verdankt. Der spröde Kalkboden ist hier über einer Höhle eingebrochen und hat ein fast kreisrundes Loch mit einem Durchmesser von etwa 60 Metern hinterlassen; wie das Auge eines Polypen schimmert tief unten gefährlich grün der Wasserspiegel. Schon vor Ankunft der Tolteken war der heilige Brunnen Opferstätte für den Regengott Chac. Neben wertvollen Kleinodien haben die Ausbaggerungen auch zahlreiche menschliche Skelette zutage gefördert, die von den Fremdenführern gern zu sterblichen Überresten grausam geopferter bildhübscher Jungfrauen hochstilisiert werden, obwohl dafür keine Beweise vorliegen.

Aber nur zwei Jahrhunderte währte diese Epoche kulturellen Aufschwungs. Um das Jahr 1200 erhob sich der Fürst von *Mayapán* mit Hilfe toltekischer Söldner gegen die Hegemonie der Itzá und vertrieb sie aus ihrer Residenz Chichén. Für die folgenden 200 Jahre bestimmte nun das Geschlecht der Cocom die Geschicke Yucatáns, ohne allerdings an die Kunstfertigkeit der Itzá anknüpfen zu können. Das Zentrum der Cocom, die Stadt Mayapán, diente nicht mehr als ein den Göttern geweihter Ort, sondern als Schaltstelle weltlicher Macht, von dem aus die Fürsten Denken und Handeln in neue Bahnen lenkten. Ausgrabungen haben gezeigt, daß die künstlerische Dekadenz, die den Bauwerken Mayapáns anhaftet, nicht als Ausdruck kulturellen Niedergangs zu werten ist, sondern eher als Zeichen eines gesellschaftlichen und geistigen Umbruchs. In gleichem Maße, in dem das religiöse Moment und das darauf ausgerichtete Kunstschaffen zurücktraten, entwickelten sich Handel und Wirtschaft. Baumwollstoff, Kakaobohnen – damals ein wertvolles Zahlungsmittel –, Salz, Honig und Keramik rückten nun in den Vordergrund des täglichen Lebens.

Aufstände, die von den Xiú, den Bewohnern Uxmals, angezettelt wurden, zwangen die Cocom 1450 zur Aufgabe Mayapáns und beendeten die Zentralherrschaft auf der Halbinsel, denn die Xiú vermochten es nicht, an die großen Reiche anzuknüpfen. Die nächsten hundert Jahre bis zur Ankunft der Spanier standen vielmehr im Zeichen von Bruderkriegen, die zum endgültigen Untergang der Mayakultur führten, ein Verfall, der dem Volk wohl bewußt war, denn als Ausdruck tiefer Resignation nannten die Xiú ihre letzte Hauptstadt Maní – »es ist alles vorbei«. Ein Teil der Mayas zog zurück in die Regenwälder des Südens und gründete mit Tayasal nochmals ein Fürstentum im Urwald des Petén, das sich bis ins 17. Jahrhundert der spanischen Unterwerfung widersetzen konnte.

Uxmal – im Schatten der »Wahrsagerpyramide«

Uxmal, Kabah, Labná und Sayil heißen die Stätten der Mayakultur, an denen sich der reine Mayastil am ausgeprägtesten erhalten hat. Uxmal existierte bereits im siebten Jahrhundert. Die Sippe der Xiú baute die Stadt zu ihrer Metropole aus und verbündete sich zunächst mit den Fürsten von Chichén-Itzá und Mayapán in der »Liga von Mayapán«, bevor sie im 13. Jahrhundert versuchte, die Alleinherrschaft an sich zu reißen.

Obwohl auch Uxmal unter toltekischen Einfluß geriet, lassen sich Merkmale dieser Überfremdung nur vereinzelt in der Architektur erkennen. Vorherrschend sind Gebäude im Puuc-Stil, einer regionalen Variante spätklassischer Baukunst. Langgestreckte, von Türen und Fenstern durchbrochene Fassaden und ein breiter, das ganze Gebäude umschließender Schmuckfries kennzeichnen diesen Lokalstil Yucatáns. Oft finden sich auch dicht aneinandergereihte Halbsäulen als steinerne Nachbildung der bei Holzkonstruktionen üblichen Palisadenbauweise. Die am Westrand der Stadt liegende »Wahrsagerpyramide« zählt zu den eigenartigsten Bauwerken der Mayas. Abweichend vom sonst üblichen Schema hat das 38 Meter hohe Gebäude einen ovalen Grundriß. Wie bei vielen Pyramiden Mexikos geht die heutige Gestalt auf eine mehrfache Überbauung zurück, die jeweils im Abstand von

107 Das Detail des sogenannten »Nonnengevierts« von Uxmal offenbart die Meisterschaft der Maya-Architekten im Umgang mit Kalkstein und den Aufwand in der Gestaltung der dekorativen Friese.

Folgende Abbildung:

108 Der Blick auf die südliche, erst teilweise restaurierte Pyramide von Edzná vermittelt auch einen guten Eindruck von der flachen Buschlandschaft der Halbinsel Yucatán.

52 Jahren, dem heiligen Kalenderzyklus, erfolgte, um das Anbrechen einer neuen Epoche zu verdeutlichen. Die Masken des Regengottes Chac begleiten die steile Treppe zum Heiligtum in schwindelnder Höhe. Auch an anderen Gebäuden begegnen uns die Darstellungen des Regengottes, des allmächtigen Herrschers der präkolumbianischen Götterwelt. »Palast des Gouverneurs« nannten die Spanier den sich südlich anschließenden Gebäudekomplex, der in isolierter Lage auf einer künstlichen Plattform einen wahrhaft majestätischen Eindruck vermittelt. Das fast 100 Meter lange Gebäude ist von seltener Harmonie, die durch das Zusammenspiel dunkler Türöffnungen, hellen Baumaterials und eines breiten Mosaikfrieses dem Bauwerk im Spiel von Licht und Schatten eine faszinierende Ausdruckskraft verleiht.

Kabah, Labná und Sayil – Opfer für den Regengott

Nirgends wird die Bedeutung des Regengottes Chac als Herr der lebenspendenden Niederschläge deutlicher als im Codz-Poop, dem Palast der Masken in Kabah, einige Kilometer südlich von Uxmal. Über zweihundert Fratzen bedeckten einst die Fassade des 46 Meter langen Tempels, ein gleichsam in Stein gehauener Aufruf an den Gott, seine Kraft für das Wohl der Menschen einzusetzen.

Bis vor kurzem noch war der Ausflug zu den Maya-Städten Labná und Sayil mit mühsamen Fußmärschen oder kostspieligen Jeepfahrten verbunden. Seit Eröffnung einer asphaltierten Stichstraße lassen sich die beiden Orte nun ganzjährig mit dem normalen Auto erreichen und sind damit einem weiten Kreis von Interessenten zugänglich. Noch aber sind diese Ruinen nicht so sehr touristisch vermarktet wie sonst üblich. Weder Getränke- noch Souvenirbuden säumen den Weg zu den Pyramiden, und auch die fliegenden Händler, die hinter Bäumen und Säulen hervorzutreten pflegen, um dem Reisenden hinter vorgehaltener Hand gefälschte Antiquitäten aufzuschwatzen, sind bisher selten. Aber die Zeit eilt. Die Tage, da geheimnisvolle Urwaldatmosphäre, Stille und Einsamkeit über den Ruinen liegen und

sie so verzaubern, sind gezählt. Bald werden auch hier ganze Busladungen lärmender, wißbegieriger Touristen unter der Obhut uniformierter Wächter die Anlagen bevölkern, werden Hilfskräfte mit Unkrautvernichtungsmitteln der wuchernden Vegetation Einhalt gebieten und Restauratoren versuchen, die herumliegenden Fragmente zu einem Ganzen zusammenzusetzen, um es dann mit farbigen Scheinwerfern anzustrahlen. Das Wichtigste ist bisher freigelegt, so daß der Besucher einen nachhaltigen Eindruck von der meisterhaften Architektur der klassischen Maya-Epoche erhält. Vor allem der große, pyramidenförmige Palast von Sayil mit seinen ornamentalen Glyphen und der monumentale Bogen von Labná mit eingebauten stilisierten Maya-Hütten stellen besonders prachtvolle Beispiele präkolumbianischer Baukunst dar.

Mérida – koloniale Beschaulichkeit

Neben den zahlreichen Relikten vergangener Zivilisationen nehmen sich die Erinnerungen an die Kolonialzeit eher bescheiden aus und beschränken sich vornehmlich auf Mérida, die Hauptstadt der Halbinsel. Über die Jahrhunderte hinweg vermochte der Ort seine Vormachtstellung gegen das weiter südlich liegende Campeche zu behaupten und weiter auszubauen. Ihren steten Aufschwung verdankt die Stadt, die bereits über 300 000 Einwohner zählt, nicht zuletzt dem wachsenden Touristenstrom, der hier einen verkehrsgünstig gelegenen Ausgangspunkt zum Besuch der Ruinenstädte findet. Über die Errichtung der notwendigen Hotels und Restaurants hinaus hat Mérida es jedoch verstanden, seine beschaulich koloniale Atmosphäre zu bewahren und so den Besucher zu verleiten, ein wenig länger in Yucatán zu verweilen und das Augenmerk nicht nur auf die Denkmäler präkolumbianischer Kultur zu richten. Eine Fahrt mit der Pferdekutsche durch die engen Straßen der Innenstadt vermittelt noch etwas vom Lebensstil vergangener Jahrhunderte. Die wuchtige Kirche mit ihren weit auseinanderstehenden Türmen und ihrer glatten Fassade, die den Blick auf das kunstvolle Wappen lenkt, darf sich rühmen, die erste *Kathedrale* auf mexikanischem Boden zu sein. Bereits 1599, siebzig

109 Die Pferdekutschen sind in Mérida das geeignete Transportmittel, um die Sehenswürdigkeiten der Innenstadt in gemächlichem Tempo zu erkunden.

Jahre vor der Kathedrale der Hauptstadt, war der als Hallenkirche angelegte Bau fertiggestellt. Sein wehrhafter Charakter spiegelt weniger eine stilistische Eigenart der damaligen Zeit wider, als vielmehr die Notwendigkeit eines Schutzes gegen Indianerüberfälle.

Ein schönes Beispiel kolonialer Architektur stellt auch der gegenüberliegende *Gouverneurspalast* dar, der bereits 1543, ein Jahr nach der Gründung Méridas, entstand. Der Hauptplatz selbst bietet sich dem fußmüden Touristen vor allem zur Mittagszeit, wenn die Sonne senkrecht am Himmel steht, als willkommene Oase an, um die Stunden der Siesta im Schatten dichtbelaubter Bäume zu verbringen und die kühlende Wirkung der Springbrunnen zu genießen. Der Besucher Méridas sollte aber nicht versäumen, auch einen Blick auf den quirlenden Wochenmarkt zu werfen, wo die Traditionen der Mayas fortzuleben scheinen. Frauen in weißen, nachthemdartigen Gewändern, den Huipiles, die schon ihre präkolumbianischen Ahnen trugen, sitzen wie orientalische Potentaten inmitten ihrer Obst- und Gemüseberge, in sanftes, von Zelt- und Plastikplanen gefiltertes Licht getaucht.

So richtig bewußt wird sich der Reisende der Großartigkeit Yucatáns wohl spätestens dann, wenn er durch das Fenster seines Flugzeugs das stumpfe Grün des tischflachen Buschwaldes im Dunst verschwimmen sieht und die dämonischen Masken des Regengottes, steil in den Himmel stürmende Treppen und kantige Pyramiden nur noch als Erinnerung an eine Reise in die Vergangenheit bleiben.

Cancún, Isla Mujeres und Cozumel – karibische Träume

Die Traumwelt der Karibik, dieses Meer der Badefreuden, das seine blutige Geschichte und soziale Problematik angesichts der rauschenden Palmen und des türkisgrünen Wassers so leicht vergessen läßt, berührt im Westen auch die Küsten Yucatáns. In den sechziger Jahren hatten nur die Blumenkinder der Hippiegeneration im Schatten der Festung von Tulum ihr Winterdomizil aufgeschlagen, auf der Isla Mujeres reichte ein Hotel, die wenigen Reisenden zu beherber-

gen, und Cancún war kaum mehr als eine lange schmale Sandbank unweit der Nordspitze der Halbinsel. Seit 1974 hat sich das Bild freilich dramatisch gewandelt, wie Pilze schossen die Hotelpaläste nunmehr aus dem Boden, reihten sich entlang der »Zona Turistica« mit Blick auf das Blau der Karibik.

Man erreicht dieses tropische Urlaubsparadies von Chichén-Itzá aus, der großen Tempelstadt der Mayas im Norden Yucatáns. Wie das Erwachen aus einem Traum wirkt dann die Ankunft in Cancún. Tausend Meilen und Jahrhunderte scheinen zwischen den strohgedeckten Mayahütten zu liegen, die eben noch am Autofenster vorbeigehuscht waren, und den glas- und chromblitzenden Hochhausfassaden klimatisierter Hotelneubauten. Cancún entstand auf dem Reißbrett als Urlaubstraum aus der Retorte, wobei Sonnenscheindauer und Wassertemperatur ebenso in die Planung einbezogen wurden wie die Entfernung zu den Ballungszentren der amerikanischen Ostküste, deren Bewohner man als Zielgruppe erkannt hat. Cancún vermag und will seine Künstlichkeit nicht verbergen: Es gibt keine holperigen Gassen, keine Slums, keine kolonialen Relikte, keinen farbenprächtigen Markt – kurzum, man findet hier kein Mexiko im herkömmlichen Sinn, sondern eher eine Hochburg des internationalen Badetourismus. Was allerdings das Schwimmen, Sonnenbaden und Tauchen betrifft, so läßt sich wohl schwerlich ein Ort finden, der es mit Cancún aufnehmen könnte.

Hoffähig wurde das ehemalige Fischernest durch die Nord-Süd-Konferenz im Oktober 1981, ein Medienspektakel, das den Namen tief in den Gehirnen wintermüder Europäer verwurzelte und mit unbeschwerten Urlaubsträumen verband. Die Touristenzahlen schnellten empor, immer neue Hotels, der Ausbau des Flughafens und eine Autobahn nach Mérida trugen dem Ansturm der Badeurlauber Rechnung.

Selbst »Gilbert«, der verheerendste Hurrikan aller Zeiten, der 1988 einen Pfad der Verwüstung mitten durch die »Zona Turistica« legte, konnte den Höhenflug Cancúns nicht bremsen. Längst sind die Spuren der Naturkatastrophe beseitigt und zahlreiche neue Hotelbauten aus dem Boden gestampft worden, um dem noch immer weiter

111 | 112

113

114 ▷

ansteigenden Touristenstrom gerecht zu werden.

Lange Zeit galt die vor der Küste liegende »Insel der Frauen«, die *Isla Mujeres*, als ein Geheimtip für Sonnenanbeter und Wasserratten mit Hang zu Romantik und Beschaulichkeit. Zwar steht das kleine Eiland ganz im Schatten Cancúns, konnte sich aber bisher der pauschalen Jet-Touristen erwehren, da nach wie vor die Fähre die einzige Verbindung herstellt. Ihren vielversprechenden Namen erhielt die schmale, langgestreckte Insel von den ersten Spaniern, die hier 1517 an Land gegangen und – wen wundert es – nach langer Seefahrt besonders von den kultivierten Maya-Frauen beeindruckt waren. Als die silberbeladenen Galeonen der Eroberer später von der Karibik aus ihren Weg über den Atlantik antraten, warteten in den flachen Gewässern die kanonenbestückten Segler der Piraten. In unseren Tagen schließlich nutzte die Marine die strategisch günstige Lage, bis sie in den sechziger Jahren vor der friedlichen Invasion der Urlauber kapitulierte, die sich vor allem von der Unterwasserwelt verzaubern ließen.

Aber auch daran ließ Hurrikan »Gilbert« seine Wut aus. Gnadenlos köpfte er die schattenspendenden Palmen und, schlimmer noch, nahm er den Sporttauchern ihr paradiesisches Riff, das unter Naturschutz stehende »El Garrafón«, spülte die Farm der Riesenschildkröten ins Meer und zertrümmerte die Unterkunft der berühmten »schlafenden Haie«. Damit ist die Isla Mujeres ihrer größten Attraktionen beraubt, bleibt aber vielleicht gerade deshalb auch von der Bauwut der Planungsbehörde Fonatur verschont, die der Natur mit Beton zu Leibe rückt.

Etwas mehr Glück hatte die große Insel *Cozumel*, die vom Sturm weitgehend verschont blieb und nun wohl wieder ihre alte Vorrangstellung als Badeziel an der Karibikküste, zumindest vorübergehend, einnehmen kann. Schon seit langer Zeit ist Mexikos größte, nur dünn besiedelte Insel das Dorado der Taucher und hat sich ganz auf den Unterwassersport eingestellt. Selbst das der Insel gegenüberliegende *Playa del Carmen* ist bereits in den Sog des nahen Cancún geraten und hat sich vom bescheidenen Fischerdorf zum respektablen Badeort gemausert, dem allerdings glücklicherweise noch die kühle Perfektion einer »Ferienfabrik« fehlt. Dem unternehmungslustigen Globetrotter ohne Komfortanspruch erschließen sich noch andere, kaum bekannte Küstenabschnitte, etwa die Lagune von *Xel-Ha* mit ihren bunten Fischschwärmen oder die palmengesäumten Strände von *Chemuyil* und *Akumal*. Und wer sich gar mit einer Hängematte und Tortillas zufriedengibt, dem eröffnen sich südlich von Tulum, etwa auf der langgestreckten, vom Tourismus noch nicht entdeckten Halbinsel *Xcalac*, hunderte Kilometer Strandeinsamkeit.

Tulum – die Festung am Meer

Palmengesäumte, schneeweiße Gestade, türkisfarbenes Wasser und leuchtende Korallenriffe beschränken sich jedoch nicht auf diese, von den Naturgewalten in Mitleidenschaft gezogenen Zentren im Norden der Halbinsel, sie ziehen sich entlang der gesamten Karibikküste bis zur Grenze nach Belice. Seit die Region durch die Straße Cancún–Chetumal erschlossen ist, hat sich der Küstenstrich zum Zufluchtsort sonnenhungriger Globetrotter entwickelt, die hier während der Wintermonate ein unbesorgtes Robinsondasein führen. Ersehntes Ziel vieler Wandervögel, die mit Zelt und Rucksack oder im uralten Campingwagen aus den USA oder Kanada anreisen, ist Tulum, ein Dorf am Meer, knapp 120 Kilometer südlich Cancúns. Als weit sichtbares Zeichen früher Besiedlung überragt eine Tempelanlage der Mayas, die einzige, die sie am Meer errichtet haben, das tropische Idyll. Der festungsartige Eindruck wird nicht allein von wuchtigen Gebäuden hervorgerufen, auch die noch erhaltene sechs Meter dicke Mauer deutet darauf hin, daß die Bewohner sich gegen Feinde zu verteidigen hatten.

115 Obwohl auch in Playa del Carmen die ersten größeren Hotels entstanden sind, wie das Plaza Playacar, ist der Ort vom Massentourismus bisher verschont geblieben.

Bevölkerung –
Indianer, Weiße und Mestizen

Mexiko ist voller Widersprüche, und nirgends treten sie deutlicher zutage als bei der Begegnung mit den Menschen. Fremdartig, unverständlich, ja mitunter sogar verwerflich erscheint uns vieles im Verhalten der Mexikaner: Passagiere belohnen ihren Busfahrer mit lautem Beifall für ein lebensgefährliches Überholmanöver, Liebespaare beschenken sich mit aus Teig gebackenen Totenköpfen und Skeletten, die Masse rast in Ekstase beim Anblick sterbender Kampfstiere, erwachsene Männer weinen bei den gefühlvollen Balladen der Mariachi-Sänger.

Einen ersten Schlüssel zum Verständnis mexikanischer Wesensart findet der Besucher vielleicht in dem riesigen Mosaik, mit dem Francisco Eppens die Fassade der medizinischen Fakultät in der Universität Mexico Citys geschmückt hat. »Das Leben, der Tod und die vier Elemente« nannte der Künstler sein Werk und versuchte damit, das Wesen seiner Heimat in einer Allegorie zu erfassen. Den Mittelpunkt bilden die Profile des europäischen Eroberers und der Indianerin, die sich zum Antlitz des »Neuen Menschen« verbinden, welcher aus der Verschmelzung der beiden Kulturkreise entstanden ist: der Mestize. »Mestize«, das ist zunächst nur die allgemeine Bezeichnung für die dunkelhäutige, aus der Verbindung europäischer Einwanderer und eingesessener Indianer hervorgegangene farbige Bevölkerung, zu der sich heute mehr als 80 Prozent der Bewohner zählen. Das Spektrum der Mischungen ist breit, und die Übergänge zu den beiden »Grundformen« fließend. *Mestize* zu sein heißt aber mehr, als nur einer farbigen Bevölkerungsschicht anzugehören. Denn obwohl der Begriff Rassentrennung dem mexikanischen Vokabular fremd ist, besteht sehr wohl eine fein differenzierte Wertskala in bezug auf die Hautfarbe. Zu lange war indianische Abstammung gleichbedeutend mit rückständig, unmenschlich und heidnisch, weil die Kultur der weißen Zuwanderer den einzig gültigen Maßstab bildete. Und die Befreiung von kolonialer Herrschaft brachte nicht gleichzeitig eine neue Wertvorstellung mit sich. Im Gegenteil, durch Einordnung in das System

westlichen Denkens und Handelns sieht Mexiko auch heute noch im Menschen weißer Hautfarbe den Vertreter des Fortschritts. Am unteren Ende der Skala stehen, wie zu Zeiten der Konquistadoren, die Indianer. Sie werden zwar toleriert, zugleich aber vor allem von den Mestizen verachtet, und das um so mehr, je näher der Mestize seinen indianischen Vorfahren steht. Ihm ist es nicht möglich, den Bogen zu spannen zwischen den präkolumbianischen Kunstwerken, die ihn mit Stolz erfüllen, und den noch heute lebenden Erben der versunkenen Hochkulturen. So sehen sich die Indianer oftmals gezwungen, vor allem wenn sie in die Stadt ziehen, ihre Identität zu verleugnen und sich als Mestizen auszugeben, um von der Gesellschaft akzeptiert zu werden. Da sich im Hinblick auf die Hautfarbe keine deutliche Trennungslinie zwischen Mestizen und Indianern ziehen läßt, hat man andere Kriterien gewählt, die Bevölkerungsgruppen gegeneinander abzugrenzen. Als Indianer gelten demnach jene Bewohner, die vorwiegend einen indianischen Dialekt sprechen, barfuß oder mit selbstgefertigten Sandalen aus alten Gummireifen gehen und sich hauptsächlich von Mais ernähren. Allein die Änderung der Lebensweise bringt damit – unabhängig von der Rassenzugehörigkeit – einen sozialen Aufstieg. Ein ähnliches Bild bietet sich am oberen Ende der Skala, wo der Mestize durch Imitation oder Übernahme europäischer Statussymbole versucht, ein höheres Sozialprestige zu erreichen.

Spiegelbild der Verknüpfung ethnischer Merkmale mit sozialem Rang ist auch das seit der Kolonialzeit unverändert fortbestehende Muster der Besitzverteilung: Die weißen Europäer waren stets reich, die Indianer arm.

Trotz allem ist der *Indianer* in Mexiko kein Ausgestoßener wie in den USA, wo die Urbevölkerung in Reservate abgedrängt wurde. Der Zapoteke, Maya oder Mixteke hat eine zwar unterprivilegierte, aber doch feste Stellung im sozialen Gefüge und daher auch die Möglichkeit, durch Anpassung alle Veränderungen zu überleben. Ein positives Zeichen dafür ist die ständig wachsende Zahl der indianischen Bevölkerung, die mit sechs Millionen nahezu wieder den Stand vor Ankunft der spanischen Eroberer er-

Vorhergehende Abbildung:

116 Der Sombrero gilt vor allem auf dem Lande als unverzichtbares Kleidungsstück des Mannes und überdies als begehrtes Statussymbol.

117 Die Indianer, wie hier in Chiapas, tragen vielfach noch ihre traditionellen Trachten, an denen sich die Stammeszugehörigkeit eindeutig ablesen läßt.

Folgende Abbildungen:

118 bis 122 Das indianische Erbe Mexikos offenbart sich dem Reisenden noch heute in einer bunten Vielfalt, verdeutlicht aber auch, daß die meisten Gemeinschaften noch immer ein isoliertes Dasein am Rande der Gesellschaft führen.

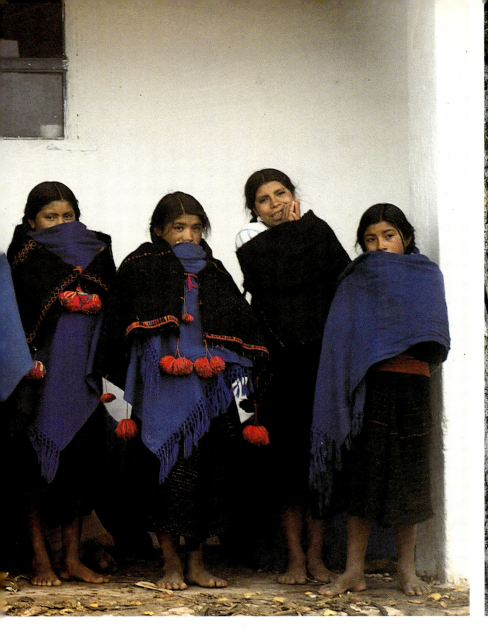

reicht hat. Auch bezüglich der Stammeszugehörigkeit haben sich kaum Veränderungen ergeben. Nach wie vor bilden die Nahua, die Nachfahren der Azteken, mit etwa 1,5 Millionen und die Maya mit über 700000 Mitgliedern die stärksten Gruppen, gefolgt von Zapoteken, Otomi, Mixteken und Tarasken, deren Stammesverbände zwischen 100000 und 350000 Menschen zählen. Ausgestorben sind vor allem jene Indianervölker, die zu Zeiten der Konquista noch auf der Stufe der Jäger und Sammler standen und schon deshalb niemals zahlenmäßig bedeutende Gemeinschaften waren. Nur wenige dieser als »Chichimeken« zusammengefaßten Stämme haben überlebt und fristen in abgelegenen Regionen ein bescheidenes Dasein abseits der Errungenschaften des 20. Jahrhunderts. Zu ihnen gehören die Lakandonen, die sich in die Wälder des Petén zurückgezogen haben, die an der Nordwestküste als Fischer lebenden Seri oder der aus kaum mehr als 50 Personen bestehende Stamm der Kiliwas auf der Halbinsel Baja California.

Als Cortés den Boden Mexikos betrat, zählte das Land zwischen sechs und neun Millionen Einwohner, die sich zumeist in den fruchtbaren Tälern von Anáhuac zusammendrängten, mit Tenochtitlán als religiösem, wirtschaftlichem und politischem Zentrum. Im Gefolge der Spanier hielten Tod und Verderben Einzug in die indianischen Gemeinden. Millionen Menschen starben in den ersten Jahrzehnten der Konquista, wobei nicht der Krieg den höchsten Tribut forderte, sondern die aus Europa eingeschleppten Krankheiten wie Pest, Masern und Typhus. Es dauerte über 300 Jahre, ehe die Bevölkerungszahl wieder den Stand von 1520 erreicht hatte.

Mit einer Wachstumsrate von 2 Prozent zählt Mexiko heute zu den am schnellsten wachsenden Nationen der Erde und hat die 80-Millionen-Grenze weit überschritten. Bis vor kurzem begegnete man der Bevölkerungslawine mit gleichgültiger Gelassenheit. Zum einen herrscht vielerorts die Meinung, nur durch seine Menschen sei das Land vor erneuten Angriffen aus dem Norden sicher. Zum anderen erschwert die unangefochtene Stellung der katholischen Kirche als Hüterin christlicher Moral bevölkerungspolitische

Maßnahmen, die in anderen Ländern längst Anerkennung gefunden haben. Und schließlich spielt der spanische Männlichkeitskult, der »machismo«, eine nicht zu unterschätzende Rolle, denn die Zahl der Kinder ist sichtbarer Beweis für das Mannestum, das wohl höchste Gut jedes erwachsenen Mexikaners. Als bemerkenswerter und mutiger Schritt zur Geburtenkontrolle erscheint daher die jüngst ergangene Verordnung, Verhütungsmittel kostenlos zu verteilen.

Auf präkolumbianische Wurzeln läßt sich wohl das eigentümliche Verhältnis der Mexikaner zum *Tod* zurückführen. »Der Gegensatz zwischen Leben und Tod war für die Azteken nicht so unüberbrückbar wie für uns. Der Bereich des Lebens reichte noch bis in den des Todes hinein und umgekehrt. Der Tod war nicht der natürliche Abschluß des Lebens, sondern nur eine Phase eines ewigen Kreislaufs. Leben, Tod und Auferstehung waren die Stadien eines sich immer wiederholenden kosmischen Vorgangs«, beschreibt Octavio Paz, einer der bedeutendsten zeitgenössischen Schriftsteller Mexikos, die uns fremdartig anmutende Einstellung seiner Landsleute. »Der Tod«, so fährt er fort, »ist eines seiner liebsten Spielzeuge und seine beständige Leidenschaft. Zugegeben, seine Haltung verbirgt vielleicht genausoviel Angst wie die der anderen, aber wenigstens versteckt sich der Mexikaner nicht vor dem Tod, sondern schaut ihm ins Angesicht, sei es mit Ungeduld, Verachtung oder Ironie.«

Diese Bezogenheit auf den Tod verbindet sich mit tiefer Religiosität, die wohl zu unterscheiden weiß zwischen dem Glauben und der Institution. Denn nur daraus läßt sich das Nebeneinander von Gläubigkeit und Kirchenfeindlichkeit erklären. Dennoch, vieles bleibt auch weiterhin für uns schwer verständlich: In tiefer Inbrunst beten die Frauen der Indianergemeinschaft von Chamula zu Johannes dem Täufer – den katholischen Priester aber hat man vor einigen Jahren aus dem Dorf vertrieben!

Gesellschaft – die Erben Zapatas

Früher und deutlicher als in den anderen Kolonien Spaniens erhob sich in Mexiko der

123 bis 125 Der makabre Umgang mit dem Tod hat seine Wurzeln in präkolumbianischer Zeit und stellt den Versuch dar, durch die Einbeziehung des Todes ins Leben die Furcht zu überwinden, wozu sogar eßbare Totenköpfe dienen (124).

Ruf nach Freiheit und sozialer Gerechtigkeit. Die Loslösung Mexikos vom europäischen Mutterland war daher auch – anders als in den übrigen Staaten Lateinamerikas – eher eine Begleiterscheinung innerer sozialer Auseinandersetzungen. Denn nicht die Bauernmilizen führten das Land in die Unabhängigkeit, sondern die konservativen Kreise von Großgrundbesitz und Klerus. Durch den liberalen Kurs, den Spanien unter den Einflüssen der Französischen Revolution zu steuern begann, sahen sie ihre in der Kolonialzeit erworbenen Privilegien gefährdet. Sie wollten das Ruder selbst in die Hand nehmen, um die Freiheit in ihrem Sinne zu verwirklichen, nämlich die überlieferten Macht- und Besitzstrukturen zu bewahren. Die Unabhängigkeit brachte damit für die breite Masse auch keineswegs die Lösung der sozialen Fragen, sondern ganz im Gegenteil eine weitere Verschärfung des Konflikts.

Der Fortfall der kolonialen Zentralgewalt leitete ein Jahrhundert der Bürgerkriege, Revolutionen und Aufstände ein, in dessen Verlauf die Reichen noch reicher und die Armen noch ärmer wurden. Die Indianerschutzgesetze verloren ihre Gültigkeit und verhalfen skrupellosen Politikern und Spekulanten zu großen Reichtümern. Zwar gelang es Präsident Juárez, den Einfluß der Kirche durch entschädigungslose Enteignung einzudämmen, die Maßnahmen kamen jedoch nur in bescheidenem Umfang den landlosen Arbeitern und Bauern zugute.

In dem Maße, wie sich Mexiko auch wirtschaftlich von Spanien löste, fanden ausländische Interessenten Zugang und erwarben auf legale Weise umfangreichen Grundbesitz. 1923 befand sich mehr als ein Fünftel des nutzbaren Bodens in fremden Händen! In der Absicht, es den fortschrittlichen Staaten Europas und Nordamerikas gleichzutun, vernichteten die Regierungen Mexikos, allen voran der Diktator Diáz, den traditionellen indianischen Gemeinbesitz, der selbst während der Kolonialzeit unangetastet geblieben war. Am Vorabend der großen Revolution von 1910 besaßen nur drei Prozent der Bevölkerung eigenen Boden, wobei 3000 Großgrundbesitzer die Hälfte der nutzbaren Ländereien ihr eigen nannten. Achtzig Prozent der ländlichen Gemeinden mit der Hälfte der Gesamtbevölkerung Mexikos standen unter der Herrschaft der Haciendados, gebunden an Pachtverträge, aus denen es kein Entrinnen mehr gab.

Erst durch die blutige Revolution, die zwischen 1910 und 1917 das Land erschütterte und Millionen Menschenleben forderte, vollzog sich ein tiefgreifender Wandel, der den Grundstein für die heutigen Verhältnisse legte. Das wesentlichste Ergebnis war die Verwirklichung der Agrarreform, die nach hundertjährigem Ringen endlich den Wunsch der Bauern nach einem eigenen Stück Land erfüllte.

Die Neuordnung der Besitzverhältnisse kam aufgrund der weitreichenden Konsequenzen im sozialen Gefüge nur zögernd in Gang und ist bis heute nicht abgeschlossen. Noch sechs Jahre nach Ende der Revolution teilten sich 110 Haciendas ein Fünftel des nutzbaren Bodens. Erst Präsident Cárdenas konnte es wagen, die 1917 beschlossene Reform gegen die Großgrundbesitzer durchzusetzen und die ersten Schritte zur Realisierung in die Wege zu leiten.

Die Agrarreform hat zwar geholfen, die sozialen Gegensätze zu mildern, beseitigt werden konnten sie allerdings nicht. Immer noch sind die Einkommensunterschiede selbst innerhalb der Landwirtschaft beträchtlich. Neben profitablen Betrieben, die hochwertige Produkte liefern, vegetieren Tausende von Bauern am Rande des Existenzminimums.

Die Revolutionäre von 1910 kämpften jedoch nicht allein für die Rechte der landlosen und ausgebeuteten Bauern, sondern richteten ihr Augenmerk auch auf die gerade entstehende Klasse der Industriearbeiter. Bereits in der Verfassung von 1917 wurden ihnen umfangreiche, für die damalige Zeit durchaus nicht selbstverständliche Rechte zugestanden, wie garantierter Mindestlohn, die Möglichkeit zu streiken und der Acht-Stunden-Tag. Damit wurde Mexiko selbst für liberale Industrienationen zum Vorkämpfer für den Wohlfahrtsstaat. Mehrfach wurden die Bestimmungen überarbeitet und den Erfordernissen der Zeit angepaßt, so daß sich das Land noch heute rühmen kann, eine der fortschrittlichsten Sozialverfassungen der Welt zu besitzen, in der die Fragen

126 Die sozialen Spannungen zwischen besitzender Oberschicht der Mestizen und den landlosen, meist indianischen Bauern ziehen sich wie ein roter Faden durch die Geschichte des Landes und haben wiederholt Revolutionen und Bürgerkriege ausgelöst.

Folgende Abbildungen:

127 bis 130 Die tropischen Regionen Mexikos erleichtern mit ihren zahlreichen Nutzpflanzen, wie hier den Bananenstauden, nicht nur den Menschen das Überleben, sie beherbergen auch eine artenreiche Fauna, von der Tukan, Leguan und Vogelspinne nur einige wenige Vertreter sind.

der Kinder- und Frauenarbeit ebenso geregelt sind wie die Gewinnbeteiligung der Arbeiter.

In einem Bereich allerdings begegnete der Mexikaner den Appellen der Regierung zur Eigeninitiative nicht mit der sonst üblichen Haltung »Welchen Vorteil haben meine Familie und ich davon?«, sondern setzte sich unter großen persönlichen Opfern für den Fortschritt seines Landes ein: im Bildungswesen. Die Bürde, die dem Land als Erbe mit in die Unabhängigkeit gegeben worden war, stellte den Staat vor nahezu unlösbare Probleme. Am Ende des Díaz-Regimes 1910 konnte nur ein Fünftel der Bevölkerung Mexikos lesen und schreiben, auf dem Lande erreichte die Analphabetenquote sogar fast 100 Prozent. Durch beschwörende Aufrufe verstand es Präsident Obregón zu Beginn der zwanziger Jahre, den Mexikaner aus seiner familienbezogenen Lethargie zu reißen und der Kampagne der Alphabetisierung geradezu missionarische Züge zu verleihen. Jeder, der lesen und schreiben konnte, war aufgerufen, sich als ehrenamtlicher Lehrer am »Kreuzzug gegen die Unwissenheit« zu beteiligen.

1924 bestanden bereits über 1000 Landschulen, die meist in eigener Regie und mit eigenen Mitteln von den Dorfgemeinschaften unter Leitung der Lehrer errichtet worden waren; 65 000 Menschen aller Altersstufen besuchten regelmäßig den Unterricht. Zum weiteren Ausbau des Systems wurden sogenannte Kulturmissionen geschaffen, mobile Ausbildungsstätten, die sich für eine beschränkte Zeit in einer Gemeinde niederließen und dort ansässige Bewohner zu Lehrern ausbildeten. Besonderer Wert wurde dabei auf die Weitergabe handwerklicher und künstlerischer Kenntnisse gelegt, um der Bevölkerung über die Vermittlung von Schrift und Wort hinaus ein national geprägtes Selbstwertgefühl einzupflanzen. Mit einem Mal sah man im Indianer nicht mehr den rückständigen »Wilden«, sondern den Träger mexikanischer Kultur, den Nachfahren der präkolumbianischen Völker, auf deren Leistungen man jetzt mit Stolz zurückblickte. Diese Erkenntnis setzte sich allerdings vornehmlich in den Kreisen der Gebildeten durch; der einfache Mestize begegnete den Erben der Ureinwohner nach wie vor mit Ressentiments oder gar Verachtung.

Der Versuch der Bildungspolitik, den gewaltigen Schritt vom Mittelalter in die Neuzeit zu machen, erweist sich als ein langer und dornenreicher Weg voller Rückschläge und Neuorientierungen. Noch 1940 konnte die Hälfte aller Mexikaner über zehn Jahren weder lesen noch schreiben. Und auch heute ist die Schlacht gegen Analphabetentum und fehlende Ausbildungsplätze längst nicht gewonnen.

Wirtschaft – auf der Suche nach neuen Wegen

Das Dilemma der Landwirtschaft

In wohl wenigen Staaten der Erde zeigt sich die Wirtschaft vielgestalter, sind die Gegensätze zwischen primitiv und fortschrittlich ausgeprägter als in Mexiko. Obwohl die meisten Menschen im Agrarsektor arbeiten, hat das Land längst die Stufe der unterentwickelten Nation verlassen und Anschluß an die führenden Volkswirtschaften der Welt gefunden. Dieser Entwicklungsvorsprung läßt sich jedoch weniger auf die natürlichen Vorteile wie Öl- und Erzvorkommen zurückführen, als vielmehr auf die konsequent national ausgerichtete Wirtschaftsführung und die seit Jahrzehnten für lateinamerikanische Verhältnisse außergewöhnlich stabile politische Ordnung. Die Weichen für die Entfaltung wurden durch die Agrarreform gestellt, die zur Auflösung der erstarrten Strukturen führte und neben sozialen Umwälzungen zunächst auch eine Verbesserung der Versorgungslage mit sich brachte. So konnte die Produktion der traditionellen Grundnahrungsmittel Mais und Bohnen seit 1930 nahezu verzehnfacht werden, und auch Reis und Weizen, beide aus Übersee durch die Spanier eingeführt, beanspruchen immer größere Anteile der Ackerfläche.

Die eindrucksvollen Erfolge vermitteln jedoch ein trügerisches Bild. Lange Zeit gaukelten die Steigerungsraten eine ungetrübte Zukunft ohne Hunger vor und verschleierten so die Gefahren der ständig wachsenden Bevölkerung. Viele neigten dazu, mit ewig anhaltenden Zuwachsraten zu rechnen und erkannten nicht, daß die Aus-

131 Regelmäßig werden die Sisalagaven geschnitten und gebündelt und anschließend in einem einfachen Prozeß die Fasern vom Fruchtfleisch gelöst.

weitung der Produktion in erster Linie dem Wandel der Agrarstruktur zu verdanken war und weniger der Verbesserung der Anbaumethoden, obwohl auch hier Vorbildliches geleistet worden ist. Angesichts der rasch wachsenden Bevölkerung ist eine ausreichende Versorgung mit Nahrungsmitteln heute bereits wieder in Frage gestellt und die Euphorie verflogen, mit der man noch vor einigen Jahren den Sieg der »Erzeugungsschlacht« gefeiert hat. Die Nahrungsmittelproduktion, die bis in die sechziger Jahre ständig angestiegen war, zeigt seit geraumer Zeit einen deutlichen Rückgang. Während die Bevölkerung in den letzten zehn Jahren um fast dreißig Prozent zunahm, konnte die Produktion von Lebensmitteln wie Mais, Bohnen, Weizen und Reis um nur fünfzehn Prozent gesteigert werden und reicht längst nicht mehr aus, den Bedarf zu decken.

Als besonders verhängnisvoll für die Nahrungsmittelversorgung erweist sich die Tendenz zum Anbau devisenträchtiger Exportprodukte, die zur Entlastung der Auslandsverschuldung beitragen sollen, andererseits aber den Import von Grundnahrungsmitteln notwendig machen. 1975 war Mexiko von derartigen Einfuhren fast unabhängig, seit 1985 müssen bereits 25 Prozent aus dem Ausland bezogen werden und können aufgrund der hohen Preise nur subventioniert an den Endverbraucher abgegeben werden.

Verfolgt man über die Jahrzehnte hinweg die Produktion der Grundnahrungsmittel, so läßt sich eine Veränderung der Eßgewohnheiten erkennen. Mais, die altamerikanische Kulturpflanze, verliert zunehmend an Bedeutung. Immer mehr Menschen, insbesondere die Bewohner der Städte, ziehen Weißbrot und Brötchen der traditionellen, aus Maismehl gebackenen Tortilla vor.

Mag die Natur auch hinsichtlich der Bodenschätze ihr Füllhorn über Mexiko ausgeschüttet haben, in bezug auf landwirtschaftliche Möglichkeiten hat sie sich eher geizig gezeigt. Klima und Oberflächengestalt setzen dem Ackerbau enge Grenzen. Nur wenig mehr als zwanzig Prozent des zur Verfügung stehenden Territoriums können genutzt werden. Der größte Teil des Landes liegt in der Trockenzone, wo eine Bewirtschaftung der Felder nur mit Hilfe künstli-

cher Bewässerung möglich ist. Erst südlich der Linie Aguascalientes – San Luis Potosi reichen die Niederschläge für den Dauerfeldbau aus. Was dem Norden fehlt, das hat der Süden im Überfluß. Viele Wochen liegen die Bergwälder von Chiapas und die Hänge der Ostkordilleren unter Regenschleiern, die Landschaft dampft, Flüsse und Bäche bahnen sich ihren Weg durch den Wald und tragen dort, wo der Mensch durch Rodung das Gleichgewicht der Natur zerstört hat, den kostbaren Boden davon und lassen nacktes Gestein zurück. Die Zeit ist wohl nicht mehr fern, in der nur Orts- und Flurnamen noch an die dichten Waldbestände erinnern, so wie heute schon im Gebiet von Oaxaca, wo die Vernichtung der Wälder bereits während der Kolonialzeit erfolgt war.

Der Staat hat schon früh die von der Natur vorgegebenen Grenzen erkannt und versucht, die Nutzfläche durch Anlage von Bewässerungssystemen zu erweitern. Über 40 größere Stauseen speichern das Wasser für mehr als zwei Millionen Hektar Anbaufläche, die in den letzten Jahrzehnten der Wüste abgerungen wurden und zu Recht als mexikanisches Wirtschaftswunder gefeiert werden.

Genügend Wasser allein ist allerdings kein Wunderheilmittel, wie die negativen Begleiterscheinungen der künstlichen Bewässerung zeigen: Viele mühsam und kostspielig errichtete Stauseen ersticken allmählich im Schwemmaterial, das die Flüsse herangetragen haben, und die bewässerten, einst fruchtbaren Böden verwandeln sich durch hohe Verdunstung, welche die Mineralien an die Oberfläche zieht, in versalzene, öde Steppen.

Den ausgeprägten Unterschieden in Klima und Relief hat Mexiko eine Vielzahl verschiedenartiger Anbauzonen zu verdanken, so daß dem Land das Schicksal anderer tropischer Kolonien erspart geblieben ist: die Abhängigkeit des Exports von einer einzigen Pflanze. So spielt die Plantagenwirtschaft, das Kennzeichen der Monokultur, auch nur eine bescheidene Rolle und beschränkt sich im wesentlichen auf Baumwolle, Sisal und Zucker. In den letzten Jahrzehnten des 19. Jahrhunderts begann auch der Kaffeeanbau in das südmexikanische

132 Trotz starken Bevölkerungswachstums finden sich in Mérida, dem Zentrum Yucatáns, noch immer Winkel, in denen die Uhren gemächlicher gehen.

133 bis 136 Durch die langen Küsten sind die Bewohner Mexikos seit jeher vertraut mit dem Meer und nutzen dessen Reichtum. Während die größeren Fischerboote in Baja California (133) und bei Veracruz am Golf (134) ihre Fänge an den Großhandel abliefern, verkaufen die Fischer von Champoton ihre Ausbeute direkt an die Kunden (136), wobei auch immer etwas für die geduldigen Pelikane abfällt.

Bergland vorzudringen, wo vor allem deutsche Pflanzer der Landschaft durch Anlage kleiner Plantagen, der Fincas, ein neues Gesicht verliehen und der mexikanischen Wirtschaft eine neue Einnahmequelle erschlossen. Immerhin exportiert Mexiko heute fast so viel Kaffee wie Kolumbien, eines der klassischen Kaffeeländer Südamerikas.

Vor allem in den dünner besiedelten Randgebieten haben sich die Anbaumethoden seit präkolumbianischen Tagen wenig geändert. Fährt man durch die mit dichten Wäldern bedeckten Berge von Chiapas, sieht man gegen Ende der Trockenzeit überall dichte Qualmwolken über dem Grün des Dschungels hängen, unmißverständliche Zeichen der Brandrodung. Es ist bis heute die klassische Form der Landwirtschaft in den tropischen Waldregionen, der erste Schritt des Menschen, sich die Naturlandschaft untertan zu machen.

Den tropischen Regenfällen ist der Boden nun ungeschützt ausgesetzt und wird leicht fortgespült. Doch selbst wenn das nicht eintritt, ist die Nutzung nach dem »Milpa-System«, wie die Brandrodung in Mexiko heißt, nur für beschränkte Zeit möglich. Tropische Waldböden sind nährstoffarm, und die in der Asche gespeicherten Mineralien versickern schnell oder werden von den Pflanzen wieder aufgenommen. Bereits nach ein bis zwei Ernten ist die Kraft erschöpft; der Siedler muß ein neues Stück aus dem Urwald schlagen, und die alten Äcker versinken unter dem Gewirr aus Gras, Gestrüpp und Büschen. Erst nach sieben bis zehn Jahren hat sich der Boden regeneriert und kann erneut bewirtschaftet werden. Weit höheren Nutzen bringt der Anbau auf bewässerten Feldern. Die regelbare Wasserzufuhr ermöglicht häufig mehrere Ernten pro Jahr, wodurch die Produktivität des Bodens gegenüber dem Milpa-System um ein Vielfaches gesteigert ist. Die Anbaugebiete liegen vor allem am Fuß der Westkordilleren entlang der pazifischen Küste sowie im Mündungsgebiet des Río Colorado, dort, wo die Halbinsel Niederkalifornien an das Festland anschließt. Nur in Ausnahmefällen werden hier Grundnahrungsmittel für die Eigenversorgung des Landes angebaut, etwa Weizen an der Pazifikküste. Die mit modernsten Methoden bewirtschafteten Felder

137 Die Kräfte der Erosion haben die flachen Tuffschichten auf der Halbinsel Baja California ausgewaschen und bizarre Tafelbergformationen hinterlassen, an deren Hängen Kakteen ihren Lebensraum haben.

dienen vorrangig dem Anbau hochwertiger Ausfuhrgüter wie Baumwolle, Gemüse und Obst, die über die nahe Grenze in die USA exportiert werden.

Das Auseinanderklaffen zwischen traditioneller und moderner Landwirtschaft findet seinen Niederschlag auch in der Sozialstruktur. Multinationalen Konzernen und Großgrundbesitzern steht nach wie vor das Heer der Kleinbauern und landlosen Campesinos gegenüber. Bezeichnenderweise ist ihre Zahl heute wieder höher als vor Ausbruch der Revolution von 1917, die sich gerade an diesem Dilemma entzündete. Wie den meisten Entwicklungsländern ist es Mexiko bisher nicht gelungen, den vermeintlichen Gegensatz von hoher Produktivitätsforderung einerseits und kleinbäuerlicher Wirtschaft andererseits zu lösen. Daß die beiden Forderungen durchaus vereinbar sind, beweisen die fernöstlichen, ebenfalls dicht besiedelten Länder wie Japan und Taiwan. Aber auch Mexiko konnte der Versuchung nicht widerstehen, die Industrialisierung als vornehmlichen Garanten wirtschaftlicher Entwicklung in den Mittelpunkt seiner Bemühungen zu stellen und die Landwirtschaft vor allem im letzten Jahrzehnt sträflich zu vernachlässigen. Erschwerend tritt natürlich auch hier das hohe Bevölkerungswachstum hinzu, so daß für viele Landbewohner nur die Alternativen Verarmung oder Abwanderung in die Ballungszentren offenbleiben.

Die ausgeprägten Gegensätze in der Agrarwirtschaft schlagen sich auch regional nieder und ermöglichen so die Einteilung des Landes in Wirtschaftszonen unterschiedlicher Intensität. Die günstigste Struktur weisen nicht etwa die alten Kerngebiete des zentralmexikanischen Hochlandes auf, sondern die weiten Ebenen und Täler des Nordens. Da sie nie dicht besiedelt waren, boten sich hier Möglichkeiten zu großzügiger Entwicklung, die nicht auf überkommene Formen Rücksicht zu nehmen hatte. Da Ansprüche alteingesessener Bauern nicht bestanden, konnte sich hier die Hacienda-Wirtschaft auch weiterhin behaupten, zumal sie sich durch die nur extensiven Nutzungsmöglichkeiten auch wirtschaftlich rechtfertigen läßt.

Die trockenen Steppen des Nordens bilden heute die Fleischkammer Mexikos. Unablässig rollen von hier die Viehtransporter auf den großen Durchgangsstraßen in die städtischen Ballungsgebiete der Industrieregion. Die Viehzucht ist erst mit den Spaniern in die Neue Welt gekommen; den präkolumbianischen Völkern waren nur Hund und Truthahn als Haustiere bekannt. Trotz der günstigen Ausgangslage konnte die Viehwirtschaft jedoch nur langsam Fuß fassen und hat die sich bietenden Möglichkeiten bislang noch nicht ausgeschöpft.

Segen und Fluch des schwarzen Goldes

Gold und Silber waren die Triebkräfte, die Spaniens Konquistadoren zu ihren kühnen Fahrten getrieben hatten, die schließlich den Untergang der Hochkulturen herbeiführten. Das Land erwies sich als nahezu unerschöpfliche Quelle für die begehrten Edelmetalle, auf die sich Macht und Ansehen ganzer Imperien stützten. Heute haben Gold und Silber ihre Bedeutung längst eingebüßt, andere Metalle sind an ihre Stelle getreten. Zwar zählt Mexiko mit einer jährlichen Förderleistung von 400 Tonnen noch zu den wichtigsten Silberlieferanten der Welt, relativ gesehen ist das Edelmetall jedoch in seiner führenden Position von Blei, Kupfer, Zink, Schwerspat und natürlich Erdöl abgelöst worden, den heute gefragten Rohstoffen auf dem Weltmarkt.

Für Mexiko spielt das Erdöl nicht erst in unseren Tagen eine entscheidende Rolle: Der erste wirtschaftliche Aufschwung um die Jahrhundertwende gründete sich zum Teil auf die neu erschlossenen Quellen an der Golfküste, die Nationalisierung der Wirtschaft begann mit der Enteignung ausländischer Erdölfirmen im Jahr 1938, und auch die Beziehung zum mächtigen Nachbarn wird nicht unwesentlich durch das »schwarze Gold« mitbestimmt. Nach der Enteignung der ausländischen Ölkonzerne fristete dieser Wirtschaftszweig lange Jahre ein bescheidenes Dasein. Noch 1972 mußte Mexiko über eine Million Tonnen Erdöl importieren, um den eigenen Bedarf zu decken.

Die achtziger Jahre begannen verheißungsvoll. In nur wenigen Jahren war Mexiko zum viertgrößten Erdölproduzenten der Welt aufgestiegen und konnte selbstgefällig in eine sorgenfreie Zukunft blicken. Bald erzielte das Land drei Viertel seiner Exporterlöse durch das schwarze Gold und verschuldete sich ohne Hemmungen – die unermüdlich wippenden Pumpen am Golf von Mexiko würden schon für die fristgerechte Rückzahlung sorgen. Mit dem Preisverfall nach Auseinanderbrechen des OPEC-Kartells erwies sich das Erdöl schließlich jedoch als ein Danaergeschenk und stürzte das Land in die tiefste wirtschaftliche Krise seit Bestehen.

Überdies nutzten die Verantwortlichen der staatlichen Erdölgesellschaft PEMEX ihren Einfluß zu persönlicher Bereicherung in ungeahnten Ausmaßen. Seit die Petrodollars spärlicher fließen, sind die Pfründe magerer geworden, beseitigt aber ist die Korruption damit noch längst nicht. Die Zeiten sind jedoch vorbei, als der 18. März, der Tag des Erdöls, mit neureichem Pomp gefeiert wurde und der Staatspräsident das vornehmliche Problem seines Landes darin sah, »den Überfluß zu verwalten«. Mit einer Förderung von 2,7 Millionen Faß pro Tag und einem Anteil von über 25 Prozent an den Exporterlösen ist die Erdölindustrie nach wie vor eine zentrale Säule der mexikanischen Wirtschaft.

Die Industrie als Motor

Mexikos Schritt in das Industriezeitalter begann um die Jahrhundertwende unter dem strengen Regime von Porfirio Díaz. In dem erzwungenen Klima politischer Ruhen entstanden die ersten Stahlwerke, Textilfabriken wurden gebaut, und Erdölquellen begannen zu sprudeln. Mit atemberaubendem Tempo wurde die Infrastruktur den Erfordernissen der neuen Wirtschaftsordnung angepaßt, und es dauerte nicht lange, bis ein dichtes Netz von Straßen und Schienenwegen das Land durchzog. Von nur 600 Kilometer Streckenlänge im Jahr 1876 wuchs das Eisenbahnnetz bis 1911 auf nahezu 25 000 Kilometer an.

Die Wirtschaft nahm einen raschen Aufschwung, Produktion und Handel blühten. Aber der Preis für den Fortschritt war hoch, denn die Schrittmacher und zugleich die

138 und 139 Während sich das alte Paar am Zocalo von Taxco kindlichem Vergnügen hingibt, müssen die Kinder durch Verkauf von Kunsthandwerk an Touristen zum Lebensunterhalt ihrer Familien beitragen.

Folgende Abbildungen:

140 bis 144 Die Faszination Mexikos liegt nicht zuletzt in der Vermischung der Kulturen. Die koloniale Fassade der Casa del Alfeñique in Puebla (141) und der Innenhof in Oaxaca (144) können nicht verbergen, daß sich im Laufe der Jahrhunderte ein eigenständiger Menschenschlag entwickelt hat, der die Züge Altamerikas und Europas vereint.

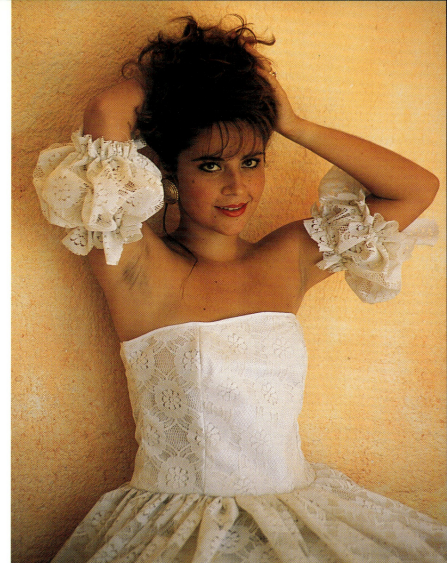

Nutznießer der Industrialisierung waren neben einer kleinen Schicht einheimischer Geschäftsleute vor allem die ausländischen Kapitalgeber, die verständlicherweise mehr ihre eigenen Interessen im Auge hatten als die des mexikanischen Volkes. Um die Landwirtschaft kümmerte sich in diesen Jahrzehnten niemand, der Boden wurde zum Spekulationsobjekt, und während in den Städten die Schicht unterbezahlter Industriearbeiter heranwuchs, durchlebte die Landbevölkerung Jahre bitterster Armut.

Die Revolution von 1910 und die sich anschließenden Wirren der Bürgerkriege machten die Erfolge der Industrialisierung zunichte. Erst unter der besonnenen Führung von Präsident Calles, der das Land von 1924 bis 1928 regierte, kehrte Mexiko zu Ruhe und Ordnung zurück, den Voraussetzungen für wirtschaftlichen Fortschritt. Nach wie vor jedoch beherrschten ausländische Geldgeber, vor allem aus den USA, das ökonomische Geschehen, bis zu jenem 18. März 1938, als Präsident Cárdenas die Nationalisierung der Erdölquellen verkündete und damit eine neue Phase in der Wirtschaftspolitik einleitete, die von der Verstaatlichung der Schlüsselindustrien bestimmt wurde. Mit dem Versuch, Mexiko durch Handelsboykott in die Isolation zu treiben und schließlich in die Knie zu zwingen, bemühten sich die Großmächte, ihre Interessen durchzusetzen. Um zu überleben, war Mexiko gezwungen, zur Eigenverarbeitung überzugehen; damit sicherte es sich einen Vorsprung vor den anderen Ländern der Dritten Welt, die zu dieser Zeit noch den größten Teil der im Lande benötigten Investitions- und Konsumgüter einführen mußten. Der Weg in die wirtschaftliche Unabhängigkeit jedoch war dornenreich. Qualität und Produktivität der nun auf eigenen Beinen stehenden Industrie sanken unter den gewohnten Standard. Aufgrund der fehlenden Kaufkraft im eigenen Lande war die Nachfrage nur gering, so daß die Kapazitäten der Betriebe nicht ausgelastet werden konnten, was wiederum eine Kostensteigerung und damit eine Verteuerung der Waren zur Folge hatte. Nach Aufhebung der Sanktionen mußte der Staat die Industrie durch Exportsubventionen einerseits und Importrestriktionen andererseits stützen. Während

die meisten Entwicklungsländer aus diesem Teufelskreis bisher nicht auszubrechen vermochten, hat es Mexiko mit großem Geschick verstanden, seine Selbständigkeit zu bewahren und sich dennoch durch ausländische Investitionen, Kredite und eine frei konvertierbare Währung langsam den Erfordernissen des freien Welthandels anzupassen und sich einen festen Platz auf den internationalen Märkten zu erobern.

Die Erdöldollars waren der goldene Regen, in dem auch die Industrie üppig zu wuchern begann. Die Investitionsfreudigkeit privater Klein- und Großunternehmer kannte keine Grenzen. Betriebe schossen aus dem Boden, gegründet auf Dollarkrediten, die von den Banken des Auslands großzügig zur Verfügung gestellt wurden. Als 1982 im Gefolge des Ölpreisverfalls der Peso um 84 Prozent abgewertet wurde, endete so mancher Traum in einem Haufen von Scherben und rückte das Bild vom mittelamerikanischen Industriegiganten in weite Ferne. Daß die Industrie dennoch einen festen Platz innehat, verdankt sie nicht zuletzt ausländischen Unternehmen, die hier, nahe am nordamerikanischen Markt, einen kostengünstigen Standort gefunden haben und seine Exporterlöse aufbessern. In den letzten Jahren hat die Industrie an Bedeutung gewonnen und erwirtschaftet etwa ein Drittel des Bruttosozialprodukts und über 60 Prozent der Exporterlöse. Mit Anschluß an die NAFTA dürfte die Industrie in den nächsten Jahren einen weiteren Aufschwung erfahren und vermehrt Investoren aus den USA und Kanada anlocken. Aber auch die bundesdeutschen Firmen, nach den Vertretungen der USA die wichtigsten Außenhandelspartner, werden sicherlich von der neuen Wirtschaftsgemeinschaft profitieren.

Wie die Landwirtschaft leidet auch die Industrie unter regionalen Ungleichgewichten, die zu einem Nebeneinander von Ballungsgebieten und wenig entwickelten Randzonen geführt haben. Quer durch das Land zieht sich von Veracruz über Puebla und Mexico City bis nach Guadalajara der Kernraum industrieller Entwicklung, ein Ballungsgebiet mit all den negativen Begleiterscheinungen der Konzentration, wie überlastete Infrastruktur, wuchernde Städte, Umweltverschmutzung und Landflucht.

145 Mit der Gründung unzähliger Kirchen haben die Spanier versucht, Cholula, das Zentrum aztekischer Religion, zur Hochburg des Katholizismus auszubauen. Im Bild sehen wir die Kirche des Tercer-Ordens im San-Gabriel-Kloster, im Hintergrund die Kuppeln der maurisch anmutenden Capilla Real.

Durch gezielte Subventionen für neue Niederlassungen in den Randgebieten versucht der Staat, die Produktionszentren über das Land zu verteilen und so die Gefahr eines regionalen Entwicklungsgefälles zu bannen.

Tourismus – Ruinen, Gringos und Devisen

»Das Land mit der Sonne im Herzen« – der Werbeslogan gibt sich eher bescheiden, läßt kaum ahnen, welche unendlichen Reize das Land für den Reisenden bietet. Sollte ein Touristikveranstalter am »grünen Tisch« das Urlaubsland seiner Vorstellungen entwerfen, Mexiko könnte sehr wohl das Ergebnis sein. Exotik, Kultur und Erholung, die drei Säulen weitverbreiteter Urlaubsträume, verbinden sich in Mexiko zu einer verlockenden Mischung.

Der Tourismus ist für Mexiko nicht erst eine Erscheinung der letzten Jahre. Für die Nordamerikaner ist das Land »south of the border« seit langem schon beliebtes Reiseziel, bietet es doch die Gelegenheit, dem kalten Winter der Heimat zu entfliehen.

Die meisten Besucher begnügen sich mit einer kurzen Stippvisite im Rahmen des kleinen Grenzverkehrs, ein paar Einkäufen, einem Restaurantbesuch, einem Blick in ein verruchtes Nachtlokal in Tijuana, und am Abend ist man wieder in der vertrauten Heimat. Allein durch den kleinen Grenzverkehr fließen dem Land jährlich über eine Milliarde Dollar an Devisen zu, mehr als die Hälfte aller aus dem Tourismus stammenden Einnahmen. Und die Zahl der Reisenden steigt ständig weiter. 1976 besuchten 3,1 Millionen Ausländer das Reich der Azteken und Mayas, 1990 war die Sechs-Millionen-Grenze bereits überschritten.

Welche Bedeutung der Fremdenverkehr für das Land hat, zeigt sich besonders im Vergleich mit den Deviseneinnahmen anderer Wirtschaftszweige. Mit 3,2 Milliarden Dollar erwirtschaftet der Tourismus etwa 18 Prozent der Exporterlöse und damit mehr als das Doppelte der Agrarprodukte. Mexiko hat den Wert dieser Einnahmequelle natürlich längst erkannt und ist bemüht, die sich bietenden Möglichkeiten noch weiter auszuschöpfen.

Im Mittelpunkt stehen vor allem die Küstenstriche an der Karibik und dem Pazifik, seit Cancún, die Retortenstadt vom Reißbrett, alle Erwartungen übertraf und zum bevorzugten Urlaubsziel der nordamerikanischen Ostküstenbewohner avancierte. Geht es nach der mexikanischen Planungsbehörde, sollen viele derartige Badezentren entstehen, die freilich nicht das traditionelle Mexiko verkörpern, sondern sich auf den Geschmack des Durchschnittstouristen einstellen. Das Landestypische wird mundgerecht in kleinen Häppchen serviert, ansonsten aber stehen Baden, Sonnen und Flirten auf dem Programm, nicht anders als in Mallorca oder an der Costa Brava.

Aber auch auf anderen Gebieten wird es dem Reisenden leichtgemacht, die Schönheiten des Landes zu entdecken. Ohne Schwierigkeiten lassen sich von Mexico City aus Rundfahrten und Exkursionen zu den wichtigsten und interessantesten Punkten des Landes buchen, vom eintägigen Ausflug zu den Ruinen von Teotihuacán bis zu mehrwöchigen Reisen durch das ganze Land. Wer es vorzieht, auf eigene Faust unterwegs zu sein, kann in den größeren Städten Autos mieten und fühlt sich auch im Landesinneren nicht verlassen. Auf den Hauptstraßen patrouillieren die »Grünen Engel«, Pannenfahrzeuge des mexikanischen Automobilclubs mit Fahrern, die neben der notwendigen Technik auch die englische Sprache beherrschen. Im Stadtzentrum von Mexico City stehen mehrsprachige Polizisten dem Fremden mit Rat und Tat zu Seite, viele Restaurants haben sich auf den Geschmack der Besucher eingestellt, und auch englische Radiosendungen und ausländische Zeitungen tragen zum Wohlbefinden der Gäste bei. Daß die Bemühungen, es möglichst allen Touristen recht zu machen, manchmal auch eigenartige Blüten treiben, ist kaum verwunderlich. Nicht für jeden bedeutet es ein unvergeßliches Erlebnis, in den allabendlichen »Licht-und-Ton«-Veranstaltungen die Pyramiden in farbiges Licht getaucht zu sehen, während aus Lautsprechern theatralisch die Geschichte der präkolumbianischen Völker über die nächtlichen Vorplätze hallt. Aber nicht zuletzt in der Vielfalt des Gebotenen liegt ja die Stärke Mexikos. Jeder soll und kann hier auf seine Kosten kommen, sei es der mondäne Badeur-

146 In Champoton, einer Kleinstadt südlich von Campeche, spielt die Fischerei noch immer eine bedeutende Rolle, obwohl die Fanggründe durch die nahen Bohrinseln stark in Mitleidenschaft gezogen worden sind.

147 Die unter Naturschutz gestellte Lagune von Xel-Ha an der Karibikküste bietet sich als einzigartiges Freiluftaquarium an, in dem man gefahrlos mit Tauchermaske und Schnorchel in die faszinierende Unterwasserwelt eintauchen kann.

148 Die von einem Riff geschützte Bucht von Akumal gilt als einer der schönsten karibischen Strände und als Eldorado des Tauchsports.

149 Der weite Strand von Playa del Carmen an der Karibik erschließt sich erst allmählich dem Tourismus und verspricht selbst während der Saison einen ungestörten Urlaub.

150 Hochseefischen ist eine vor allem von den Amerikanern bevorzugte Sportart, zu der auch die Demonstration des Ergebnisses gehört, wie hier im Hafen von Acapulco.

lauber, der Kakteensammler, der Amateurarchäologe oder der Taucher. Wer Lust, Zeit und Geld hat, kann die unterschiedlichsten Formen der Feriengestaltung auch zu einem abwechslungsreichen Erlebnisurlaub verbinden: heute Baden unter Palmen, morgen ein Besuch der präkolumbianischen Tempel, übermorgen vielleicht eine Safari in den Urwald des Petén oder die Schluchten der Sierra Madre.

Und was wäre Mexiko ohne seine Souvenirs! In Anbetracht des begrenzten Fluggepäcks sieht sich mancher Reisende vor die fast unlösbare Aufgabe gestellt, die richtige Wahl zu treffen. Vielleicht ein »Serape«, ein handgewebter Umhang, geschmackvolle Tonfiguren aus Tehuantepec, Wolldecken aus Teotitlán del Valle, farbig bemalte Rindenstücke aus Ameyaltepec oder Silber aus Taxco? Jede Region Mexikos hat ihr eigenes ausgeprägtes Kunstgewerbe. Wer sich auf diesem Sektor einen Überblick verschaffen möchte, sollte nicht den Besuch der Kunsthandwerksmärkte in Mexico City versäumen, auf denen die verschiedenen Gebiete Mexikos vertreten sind. Mag der Tourismus für das Leben der Bevölkerung auch viele negative Begleiterscheinungen haben, auf dem Sektor des Kunsthandwerks führte der Besucherstrom zur Wiederbelebung fast vergessener Traditionen, die zeigt, daß die Mexikaner nichts von ihrer künstlerischen Ausdruckskraft eingebüßt haben.

Kunst –
von der Barockfassade zu revolutionären Wandbildern

Mit der Eroberung Mexikos und der Zerschlagung der indianischen Reiche griff die Zivilisation der europäischen Renaissance auf den Boden Amerikas über, wobei der Kirche die Aufgabe zufiel, das spanische Gedankengut zu verbreiten und zu bewahren. Durch Beherrschung von Schulen und Universitäten prägte sie vor allem in der Frühphase der Kolonisation das kulturelle Leben der Neuen Welt. Dieser Einfluß war anfangs durchaus im Sinne des Staates, der durch das Patronatsrecht nicht nur eine Kontrolle über den Klerus ausübte, sondern in »der rechten religiösen Gesinnung« auch ein Bollwerk gegen ketzerische Ideen sah,

die seine Existenz hätten gefährden können. Um nicht Gefahr zu laufen, die Loyalität zur spanischen Krone zu untergraben, war zunächst nur die Einfuhr geistlicher Schriften nach Nueva España erlaubt. Somit ist es kaum verwunderlich, daß auch das künstlerische Schaffen seinen Ausdruck vornehmlich im religiösen Bereich fand. Über 12000 Kirchen sind in den drei Jahrhunderten spanischer Herrschaft auf dem Boden Mexikos errichtet worden, von der bescheidenen strohgedeckten Lehmkapelle eines abgelegenen Bergdorfes bis zur Kathedrale in Mexico City, dem größten Sakralbau Lateinamerikas. Stilistisch spiegelte die Baukunst der Neuen Welt zwar die Entwicklungen des spanischen Mutterlandes wider, gewann aber im Laufe der Zeit durch lokale Einflüsse und Überbetonung aus Europa übernommener Elemente zunehmend eigenen Charakter.

Die ersten *Gotteshäuser*, während der Konquista im frühen 16. Jahrhundert in aller Eile errichtet, waren schmucklose Gebäude, die nicht nur der Verkündigung der neuen Religion zu dienen hatten, sondern auch als Schutzbauten für die immer wieder von feindlichen Indianern bedrohten Missionare. Erst Mitte des 16. Jahrhunderts hatten die Patres eine Künstlerschicht ausgebildet, die es mit bewundernswerter Geschicklichkeit verstand, die Vorstellungen der Geistlichkeit in Stein umzusetzen. Inwieweit auch indianische Elemente in die Gestaltung mit einflossen, ist eine bisher noch offene Frage, denn nur vereinzelt läßt sich eindeutig altindianisches Kulturgut nachweisen wie die Verwendung von Schlangenmotiven, Totenköpfen oder speziellen Pflanzenformen. Bestimmte, für die präkolumbianische Architektur typische Merkmale, die wir auch in den Kolonialbauwerken wiederfinden, etwa Zinnen oder Mäander, könnten ebensogut mit dem Mudéjar-Stil aus Nordafrika über Spanien in die Neue Welt gelangt sein. Ein ausgeprägter Synkretismus, das heißt die Verschmelzung europäischer mit altindianischen Traditionen, ist zumindest in der Kirchenarchitektur nicht nachzuweisen.

Die ersten Gebäude waren noch von der *Gotik* geprägt und vom *Mudéjar-Stil*. Schwere, mit Eisennägeln beschlagene Portale sind ebenso islamischen Ursprungs wie die Ver-

151 Daß den frühen Kolonialkirchen, wie hier an der Plaza San Cristobal in Mérida, noch die oft übersteigerte Dekorationsfreudigkeit der späteren Bauwerke fehlt, beeinträchtigt nicht die Wirkung.

wendung farbiger Kacheln, die sich vor allem in der Umgebung von Puebla später großer Beliebtheit erfreuten. Als besonders gut erhaltenes Beispiel der frühen Periode kolonialer Baukunst gilt die 1609 vollendete und nun wieder restaurierte Kirche von Tlatelolco in einem Vorort der Hauptstadt. Aus Mangel an Baumaterial und ausgebildeten Künstlern trugen aber auch die später entstandenen Missionsklöster in den abgelegenen Regionen, so auf der Halbinsel Niederkalifornien, diese schlichten Züge früher Sakralbauten.

Schon bald begnügte man sich nicht mehr mit dem rein Funktionalen. Reich verzierte Eingangsportale waren der erste Schritt zu religiöser Prachtentfaltung, eingeführt vom Augustinerorden, der sich als erster am sogenannten *plateresken Stil* Spaniens orientierte. Diese der Silberschmiedekunst nachempfundene ornamentale Gestaltung (plata = Silber) verschmolz Elemente der Gotik und des Mudéjar-Stils in verschwenderischen Verzierungen, wobei die Funktion hinter das dekorative Motiv zurücktrat. Typische Beispiele dieser Stilrichtung sind die Festungskirche von Acolmán und die Kathedrale von Morelia. Die üppige Ausschmückung der Kirchen, die sich nach europäischem Geschmack häufig bis zum Überladenen steigerte, wurde zu einem der Wesensmerkmale mexikanischer Kolonialarchitektur.

In der zweiten Hälfte des 16. Jahrhunderts wurde mit dem Bau von *Kathedralen* begonnen, ein Zeichen für die nunmehr uneingeschränkte Herrschaft der Kirche, was auch nach außen hin dokumentiert werden sollte. Dabei sahen sich die Baumeister der Schwierigkeit gegenüber, europäische Vorbilder lokalen Gegebenheiten anzupassen und mit den rasch wechselnden Stilen Spaniens Schritt zu halten. Als Orientierungshilfe für den lateinamerikanischen Kathedralenbau wurden besonders die Kirchen Zaragozas und Sevillas herangezogen. Zunächst bevorzugten die Architekten der Neuen Welt den Typus der Hallenkirche, die Schiffe gleicher Höhe aufweist. Die erste Kathedrale Mexikos, die 1599 in Mérida auf der Halbinsel Yucatán vollendet wurde, ist nach diesem Prinzip konstruiert. Ab 1585 setzte sich der basilikale Typus durch, bei dem die Sei-

tenschiffe niedriger als das Hauptschiff sind und dadurch eine bessere Beleuchtung des Innenraums gewährleisten.

Zu den wichtigsten Kathedralbauten Mexikos zählen die Kirchen von Puebla und Mexico City, die nach identischem Grundriß entstanden. Im Vergleich der Bautätigkeit wandelte der damalige Kirchenbaumeister Neuspaniens, Claudio de Arciniega, die ursprünglichen Pläne jedoch ab und glich sie der Kathedrale von Valladolid an. Da in die Kirchen von Puebla und Mexico City aber auch die Erfahrungen der frühen Konstruktionszeichnungen mit einflossen, erhielten beide Bauwerke einen gotischen Zug, der ihnen Leichtigkeit und Lichtfülle verlieh, wie sie das spanische Vorbild vermissen ließ.

Die Kuppel, heute fast schon ein Wahrzeichen der mexikanischen Kirchen, erreichte erst relativ spät die spanische Kolonie. Nicht vor Mitte des 17. Jahrhunderts bereicherte sie das Bild der Kirchenarchitektur und erinnert – vornehmlich in der Umgebung von Puebla – in Verbindung mit kunstvoller Kachelverzierung häufig an orientalische Moscheen.

Nach der regen Bautätigkeit des 16. Jahrhunderts, die Hand in Hand ging mit der Ausbreitung des Christentums, folgte eine Phase der Stagnation, die schließlich in eine Epoche überleitete, welche von eigenständigem mexikanischen Kunstschaffen bestimmt war. Die Fassaden der Kirchen entwickelten sich zu fein ziselierten Werken, die ornamentale Verzierungen und gegenständliche Heiligenfiguren mit Reliefdarstellungen aus der Bibel in überschwenglicher Prachtentfaltung zu verbinden wußten. Die von José Benito Churriguera während des 17. Jahrhunderts in Spanien entwickelte, üppig dekorierte Barock-Architektur wurde von Mexiko nicht nur übernommen, sondern weiter verfeinert und zum Ultrabarock geführt, der »Umsetzung des barocken Geistes von der Oberflächendekoration in den dreidimensionalen architektonischen Raum«. Neben der stark ausgeprägten Symbolik liegt das Hauptmerkmal des sogenannten *churrigueresken Stils* in der Verfremdung des Baumaterials: was aus Stein gehauen zu sein scheint, ist Holz, was aus Holz geschnitzt erscheint, ist Stein. Trotz dieser Neigung, die Harmonie des Bauwerks unter der Pracht

152 Die lange Bauzeit der Kathedrale von Mexico City von 1573 bis 1813 brachte es mit sich, daß zahlreiche Stilelemente in die größte Kirche Mexikos eingeflossen sind.

153 Die liebevoll gestalteten Details des zur Kathedrale gehörenden Konvents von Cuernavaca zeigen bereits deutlich Zeichen des Verfalls.

der Verzierungen ersticken zu lassen, stammen einige der schönsten Beispiele der Kolonialarchitektur aus jener Zeit, darunter die vielleicht eindrucksvollste Kirche Mexikos, der Dominikaner-Konvent von Tepotzotlan, dreißig Kilometer nördlich der Hauptstadt, aber auch die völlig im Dekor aufgelösten Türme der Pfarrkirche Santa Prisca in Taxco.

Wie die Konquistadoren hatte auch der Klerus Gefallen am Gold gefunden und nutzte es, um Ansehen, Macht und Reichtum seiner Institution zu demonstrieren und, wie er selbst meinte, dem Gläubigen bereits auf Erden ein Abbild des Himmels zu zeigen. Aus Spenden und Nachlässen floß der Strom des gelben Metalls unaufhörlich und nahm sogar ein derartiges Ausmaß an, daß der Staat wiederholt – allerdings vergeblich – gegen diese Anhäufung von Reichtümern einzuschreiten versuchte. So tritt der Besucher noch heute staunend und im wahrsten Sinn geblendet in viele Kirchen.

Auch in der Innenraumgestaltung war die Region von Puebla richtungsweisend. Herausragendes Beispiel ist die Rosenkranzkapelle aus der Mitte des 17. Jahrhunderts, die sich versteckt hinter Großstadtfassaden der Millionenstadt Puebla an die Kirche Santo Domingo anlehnt: »[…] lebendig in einem Taumel himmlischer Freuden inmitten eines phantastischen ornamentalen beigefarbenen Dschungels von goldenem Bänder- und Blattwerk […] Heilige, Putten und Insignien versinken in einem wogenden Sargassomeer manieristisch inspirierter Bogenverflechtungen […]«, beschreibt Joseph Armstrong Baird, einer der besten Kenner der Kolonialarchitektur, dieses Juwel barocker Innenausstattung.

Um 1800 begann sich der *klassizistische Stil* als Reaktion auf den überschwenglichen Barock durchzusetzen, welcher im beginnenden Zeitalter der Revolution zunehmend als Relikt der verhaßten Kolonialherrschaft gesehen wurde. Mit dem Klassizismus begann die Zeit der individuellen Architektur, die das einzelne Bauwerk in starkem Maße mit der Persönlichkeit des Künstlers in Verbindung brachte. Eduardo de Tresguerras (1795 – 1833) gilt als einer der hervorragendsten Vertreter dieser Epoche, die allerdings in der zweiten Hälfte des 19. Jahr-

hunderts in ein Durcheinander von Stilimitationen ausartete – wohl ein Spiegelbild des chaotischen Zustands der politischen Szene.

Siebzig Jahre sollte es dauern, ehe die *mexikanische Architektur* durch José Villagrán García wieder aus der Mittelmäßigkeit gehoben wurde. Vor allem mit der Forderung, die Architektur müsse sich den Bedürfnissen des Menschen unterordnen und nicht ästhetischer Selbstzweck sein, beeinflußte Villagrán García die moderne Baukunst des Landes entscheidend. Internationale Bedeutung gewann sie jedoch erst mit Anlage der Universitätsstadt, die zwischen 1950 und 1957 auf den Lavaflächen am Südrand der Metropole entstand. Einfallsreich arrangiert fügen sich die Gebäude harmonisch in die Natur, die durch weite Rasenflächen und Baumgruppen bewußt in den ausgedehnten Komplex einbezogen wurde. Die Verwendung verschiedener Materialien, von glasierten Fliesen über Glasbausteine bis zu Kunststoffen, sowie die Dekoration ganzer Wandflächen mit vielfarbigen Mosaiken verleihen dem Campus einen völlig eigenen Charakter, der ihn zur beliebten Touristenattraktion werden ließ.

Einen weiteren Akzent in der mexikanischen Architektur unseres Jahrhunderts setzten Ramírez Vásquez und Rafael Mijares mit dem Bau des Anthropologischen Museums im Park von Chapultepec. Der mit 4000 Quadratmeter Ausstellungsfläche zu den größten Museen der Welt zählende Komplex gehört nicht nur durch die gelungene Auswahl und Präsentation seiner wohl einmaligen Sammlung zu den herausragenden Sehenswürdigkeiten Mexikos, auch aus der Sicht des Architekten wurde hier Besonderes geschaffen. Riesige Fensterfronten beziehen die Außenwelt in die Ausstellungsräume mit ein und vermeiden dadurch den Eindruck musealer Abgeschlossenheit. Das zweistöckige, hufeisenförmig angelegte Gebäude umschließt einen Hof, der von einem 52 mal 54 Meter messenden Dach gegen Sonne und Regen geschützt wird. Mit Hunderten von Stahlkabeln ist dieser »Betonschirm« an einer einzigen Säule verankert, über deren reliefgeschmückte Oberfläche unaufhörlich zarte Wasserschleier rinnen, eine Reverenz vor Tlaloc, dem Regengott der präkolumbischen Völker.

154 Die Kirche Santa María im kleinen Ort Tonantzintla bei Cholula besticht durch ihren ungewöhnlichen farbigen Kachelschmuck und die überschwengliche Dekoration im Innern.

Aber nicht nur an repräsentativen öffentlichen Gebäuden entfalteten die modernen Architekten Mexikos ihre Phantasie und ihr Können. Felix Candela etwa, der 1939 aus Spanien kam, hat vielen Bauwerken unterschiedlicher Funktion seinen Stempel aufgedrückt, von einer Zollhalle in Mexico City bis zu einem Nachtclub in Acapulco. Auch hinsichtlich der Privatvillen der »oberen Zehntausend« waren und sind der Experimentierfreudigkeit kaum Grenzen gesetzt. Im Gegenteil, die dem Mexikaner nachgesagte Lust zur Selbstdarstellung und Demonstration seines Reichtums räumen den Architekten Freiheiten ein, die sie in Europa wohl nur selten genießen.

Neben der Architektur war es vor allem die *Malerei*, die mit der Loslösung Mexikos von Spanien eine neue Richtung einschlug. Zwar pflegte die 1785 gegründete Kunstakademie San Carlos noch die Tradition des Kopierens europäischer Vorbilder, aber es begannen sich zunehmend auch andere Richtungen durchzusetzen, die stärker als bis dahin üblich die manieristisch starren Formen auflösten und den Betrachter mit den Gefühlen, Problemen und Lebensformen Mexikos vertraut machten. Als herausragender Vertreter dieser ersten Phase der Befreiung von überkommenen Kunstauffassungen gilt der Landschaftsmaler José María Velasco (1840 – 1912), der es verstand, die feinen Farbnuancen der von der Tropensonne überfluteten Hochebene einzufangen.

Der Schritt zur völligen Loslösung vom Althergebrachten vollzog sich jedoch erst mit der Revolution von 1910, wobei allein die Malerei von den Strömungen des sozialen Umbruchs erfaßt wurde und dadurch zu neuem Selbstverständnis gelangte. »Die moderne mexikanische Malerei ist der erste künstlerische Ausdruck Lateinamerikas, der es verdient, im Ensemble der universellen Kultur einen Platz in der ersten Reihe einzunehmen«, erklärte David Alfaro Siqueiros, einer der Protagonisten der neuen Bewegung im Jahr 1947, selbstbewußt. Die Geburtsstunde des neuen mexikanischen Realismus schlug 1911, als die Studenten der Akademie der Schönen Künste, beeinflußt durch die impressionistischen Strömungen Europas, in den Streik traten und es ihnen dadurch gelang, sich gegen die Verfechter der überkommenen akademischen Methoden durchzusetzen.

In der sich ausweitenden Revolution von 1910 bezogen viele Studenten eindeutig Stellung gegen das konservative Huerta-Regime und beteiligten sich aktiv am Kampf der liberalen Kräfte. Die Malerei verstand sich nicht mehr als reine Kunst, sondern eher als ein Mittel zur Umformung der Gesellschaft. »Unser höchstes Ziel war also damals, von der Plattform der künstlerischen Produktion aus die mexikanische Revolution in ihrem Entwicklungsprozeß zu unterstützen«, umriß Siqueiros das damalige Anliegen der Neo-Realisten und forderte eine »monumentale und heroische, eine menschliche und öffentliche Kunst nach dem Vorbild der präkolumbianischen Kulturen«.

Nur eine Gestaltungsform konnte diesen Ansprüchen gerecht werden: die *Wandmalerei*. Nur sie vermochte die Forderungen nach Monumentalität und Öffentlichkeit in Einklang zu bringen und dadurch allgegenwärtig in das Leben der Menschen einzugreifen. Aus diesen Überlegungen heraus entstand die »muralistische Bewegung«, die im wesentlichen von drei Künstlern getragen wurde: Diego Rivera (1886 – 1957), José Clemente Orozco (1883 – 1949) und David Alfaro Siqueiros (1896 – 1973). In der gestalterischen Auffassung standen die Künstler zu Beginn noch stark unter europäischen Einflüssen. Vor allem Rivera, der von 1906 bis 1921 in Europa gearbeitet hatte und der Pariser Erneuerungsbewegung anhing, lieferte entscheidende Impulse.

Da die Künstler in ihrem Wunsch, monumentale öffentliche Kunst zu schaffen, auf den Staat als Auftraggeber angewiesen waren, schlossen sie sich 1923 zur Stärkung ihrer Interessen in der »Gewerkschaft der revolutionären Maler, Bildhauer und Grafiker« zusammen. Aufgrund politischer Meinungsverschiedenheiten mit der Regierung war diesem Syndikat jedoch nur eine kurze Lebensdauer beschieden. Die Avantgarde der Muralisten verstreute sich; Rivera widmete sich weiterhin der Wandmalerei, Orozco emigrierte in die USA, Siqueiros konzentrierte sich auf die Grafik. Die Periode künstlerischen Schaffens wich dem politischen Kampf, der für viele Vertreter des

155 Patriotische Kunstwerke der Muralisten schmücken viele öffentliche Gebäude in Mexiko, wie hier das Bildnis des Freiheitshelden José Maria Morelos im Justizpalast seiner nach ihm benannten Geburtsstadt Morelia.

Folgende Abbildungen:

156 bis 160 Den kleinen Orten auf dem Lande ist die Hektik der großen Städte noch fremd. Die Bilder zeigen ein Mädchen aus Ocosingo (156), drei Zaungäste aus San Cristobal (157), eine Mayahändlerin auf dem Markt von Mérida (159), verblichene Fassaden in Mérida (158) und ein Sattelgeschäft in Palenque (160).

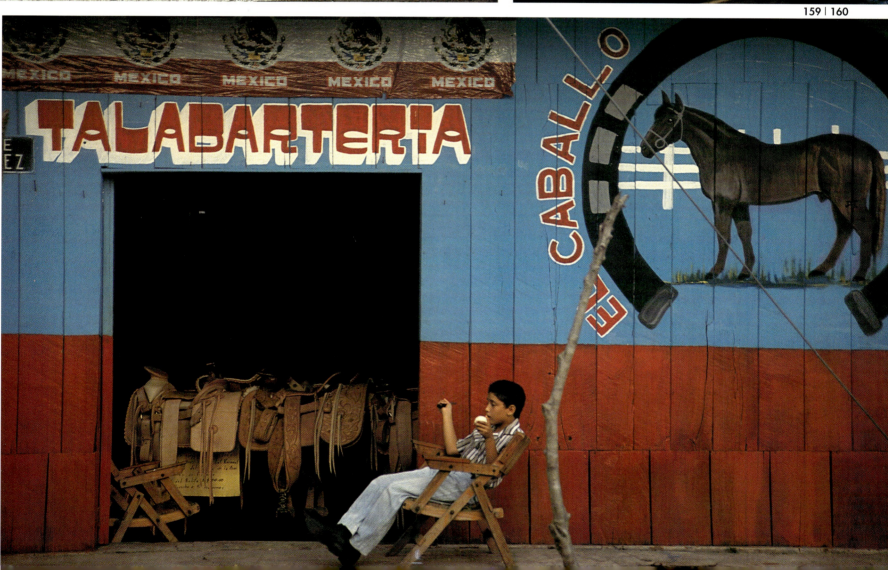

Neo-Realismus mit Gefängnis oder Verbannung endete. Beeinflußt durch die revolutionären Wandmaler, jedoch ohne deren politische Ambitionen, reifte in dieser Zeit eine neue Generation von Muralisten heran, zu denen Rufino Tamayo und Francisco Goita zählen, deren Werke Volkskunst und Moderne harmonisch miteinander verbinden.

Anfang der dreißiger Jahre mußte auch Siqueiros unter politischem Druck seine Heimat verlassen und in die USA auswandern. Der Künstler nutzte diese Zeit der Verbannung, den theoretischen Konzeptionen entsprechende Techniken zu entwickeln, die über das traditionelle Verfahren des Fresko hinausgingen, indem sie sich der Mittel des zwanzigsten Jahrhunderts bedienten. Der herkömmliche Kalkuntergrund wurde durch Zement ersetzt, an die Stelle des Pinsels trat die Spritzpistole; Fotoapparat und Projektor analysierten und kontrollierten die Perspektive. Da die riesigen Kunstwerke auf einen sich bewegenden Betrachter abgestimmt waren und nicht nur gerade Flächen belebten, sondern oftmals das ganze Bauwerk in die Komposition einbezogen, mußten besonders auf dem Gebiet der Perspektive neue Lösungen gefunden werden. Mit nahezu missionarischem Eifer verfocht Siqueiros seine Auffassungen als die einzig richtigen und zog sich damit sogar die Feindschaft seiner ehemaligen Kampfgefährten Rivera und Orozco zu, denen er vorwarf, sich an traditionelle, primitive Techniken zu klammern und den Gedanken der Revolution auf dem Altar des Kommerz zu opfern.

Die Monopolstellung der »drei Großen« konnte nicht unwidersprochen bleiben. Gegen den revolutionären Realismus formierte sich eine Gruppe, die unter der Führung des gebürtigen Österreichers Matías Goeritz die Rückkehr zur reinen Kunst forderte. Die Wandmalerei ist allerdings bis heute, wenn auch nicht mehr allein unter nationalistischen oder revolutionären Vorzeichen, wesentlicher Bestandteil der mexikanischen Kunstszene geblieben. Gebäude mit Wandmalereien zu versehen, gehört nach wie vor zur Selbstverständlichkeit, wenn auch die Harmonie einer vollkommenen Synthese von bildender Kunst und Architektur, wie sie Siqueiros erträumte und immer wieder forderte, wohl noch nicht erreicht ist. Als Protagonist der modernen Malerei gilt der 1991 verstorbene Rufino Tamayo, der den Surrealismus und Kubismus einführte und damit den Künstlern seines Landes neue Wege gewiesen hat. Längst steht nicht mehr die revolutionäre Thematik im Vordergrund, sondern die Aspekte individuellen Lebens, allen voran Liebe und Tod.

In der Form der Darstellung haben sich Mexikos Künstler von der traditionellen Volkskunst gelöst, ohne allerdings die seit Jahrhunderten überlieferten Elemente zu verdrängen. Das Ergebnis sind uns fremd anmutende, gleichwohl faszinierende Werke großer Ausdruckskraft und Intensität. So versteht es der Zapoteke Francisco Toledo, sein indianisches Erbe mit modernen Techniken zu verknüpfen, während Juan Manuel de la Rosa das Grundmaterial Papier in den Mittelpunkt seines Schaffens stellt und damit die Traditionen der Maya und Azteken in neuer Form fortführt. Zu den bedeutenden zeitgenössischen Künstlern zählen der aufgrund seiner sozialkritischen Thematik umstrittene José Luis Cuevas, Vicente Rojo mit seinen geometrisch abstrakten Werken und Rudolfo Nieto, der mit kräftigen Farben und rudimentärer Formgebung die Nähe der Volkskunst sucht.

161 Die fünf farbigen Türme des aus Österreich stammenden Künstlers Matías Goeritz sind Wahrzeichen der »Ciudad Satélite« im Norden der Hauptstadt.

Folgende Abbildung:

162 Die alte Mayametropole Chichén-Itzá gehört zu den am besten restaurierten Ruinenstädten Mexikos. Links eine Wand des Ballspielplatzes, überragt vom Jaguartempel, im Hintergrund der Kriegertempel und rechts die große Kukulkan-Pyramide.

Die 32 Bundesstaaten Mexikos

Aguascalientes

Größe: 5589 km², 28. Platz
Hauptstadt: Aguascalientes
Bevölkerung: 720000
Wirtschaft: Viehzucht, Mais,
    Bohnen, Weizen, Zinn, Silber

Baja California Norte

Größe: 70113 km², 12. Platz
Hauptstadt: Mexicali
Bevölkerung: 1,7 Mio.
Wirtschaft: Baumwolle, Toma-
    ten, Wein, Tourismus

Baja California Sur

Größe: 73677 km², 9. Platz
Hauptstadt: La Paz
Bevölkerung: 317000
Wirtschaft: Fischfang, Salzge-
    winnung, Datteln, Tourismus
Sehenswürdigkeiten: Missions-
    stationen, Wale in den Lagu-
    nen südlich Guerrero Negro

Campeche

Größe: 56114 km², 19. Platz
Hauptstadt: Campeche
Bevölkerung: 530000, im Nor-
    den überwiegend Maya
Wirtschaft: Kokos, Fischerei,
    Viehzucht, Erdölförderung
    und -verarbeitung
Sehenswürdigkeiten: Ruinen
    von Edzná und Becán

Chiapas

Größe: 74211 km², 8. Platz
Hauptstadt: Tuxtla Gutiérrez
Bevölkerung: 3,2 Mio., überwie-
    gend Indios
Wirtschaft: Kaffee, Kakao,
    Bohnen, Gemüse, Viehzucht
Sehenswürdigkeiten: Palenque,
    Bonampak, San Cristobal de
    las Casas, Chamula

Chihuahua

Größe: 244938 km², 1. Platz
Hauptstadt: Chihuahua
Bevölkerung: 2,4 Mio.
Wirtschaft: Viehzucht, Baum-
    wolle, Weizen, Blei, Eisen,
    Mangan, Kupfer, Silber
Sehenswürdigkeiten: Casas
    Grandes, Barranca del Cobre

Coahuila

Größe: 149982 km², 3. Platz
Hauptstadt: Saltillo
Bevölkerung: 2 Mio.
Wirtschaft: Viehzucht, Baum-
    wolle, Weizen, Kohlebergbau

Colima

Größe: 5195 km², 29. Platz
Hauptstadt: Colima
Bevölkerung: 430000
Wirtschaft: Zuckerrohr, Reis,
    Erdnüsse, Fischerei, Eisenerz
Sehenswürdigkeiten: Colima,
    Nevado de Colima

**Distrito Federal
(Mexico City)**

Größe: 1479 km², 32. Platz
Hauptstadt: Mexico City
Bevölkerung: ca. 20 Mio.
Wirtschaft: Industrie, Dienstlei-
    stung, Tourismus
Sehenswürdigkeiten: Zócalo,
    Museen, Kolonialkirchen u.a.

Durango

Größe: 123181 km², 4. Platz
Hauptstadt: Durango
Bevölkerung: 1,4 Mio.
Wirtschaft: Baumwolle, Weizen,
    Gemüse, Eisenerz, Gold,
    Silber, Kupfer, Mangan

Guanajuato

Größe: 30941 km², 22. Platz
Hauptstadt: Guanajuato
Bevölkerung: 4 Mio.
Wirtschaft: Mais, Weizen,
    Bohnen, Viehzucht, Silber,
    Gold, Blei, Zink, Industrie
Sehenswürdigkeiten: Guanajua-
    to, San Miguel de Allende

Guerrero

Größe: 64281 km², 14. Platz
Hauptstadt: Chilpancingo
Bevölkerung: 2,7 Mio., hoher
    Indioanteil
Wirtschaft: Mais, Bohnen,
    Viehzucht, Holzwirtschaft,
    Zink, Gold, Tourismus
Sehenswürdigkeiten: Acapulco,
    Ixtapa, Grotte von Oxtotitlán

Hidalgo

Größe: 20813 km², 26. Platz
Hauptstadt: Pachuca de Soto
Bevölkerung: 1,6 Mio.
Wirtschaft: Mais, Kaffee,
    Zuckerrohr, Agaven, bedeu-
    tender Bergbau (Silber, Gold,
    Blei), Hüttenindustrie
Sehenswürdigkeit: Tula

Jalisco

Größe: 80836 km², 6. Platz
Hauptstadt: Guadalajara
Bevölkerung: 5,3 Mio.

Wirtschaft: Mais, Weizen, Obst,
    Gemüse, Viehzucht, Industrie
Sehenswürdigkeiten: Guadalaja-
    ra, Chapala-See

Mexiko

Größe: 21355 km², 25. Platz
Hauptstadt: Toluca
Bevölkerung: 10 Mio.
Wirtschaft: Mais, Weizen,
    Bohnen, Gemüse, Viehzucht,
    Industrie
Sehenswürdigkeiten: Teoti-
    huacán, Toluca, Tepotzotlán

Michoacan

Größe: 59928 km², 16. Platz
Hauptstadt: Morelia
Bevölkerung: 3,5 Mio.
Wirtschaft: Mais, Weizen,
    Bohnen, Viehzucht, Hand-
    werk, Tourismus
Sehenswürdigkeit: Patzcuáro-
    See

Morelos

Größe: 4950 km², 30. Platz
Hauptstadt: Cuernavaca
Bevölkerung: 1,2 Mio.
Wirtschaft: Reis, Obst, Gemüse,
    Kaffee, Tourismus
Sehenswürdigkeit: Cuernavaca

Nayarit

Größe: 26979 km², 23. Platz
Hauptstadt: Tepic
Bevölkerung: 817000
Wirtschaft: Mais, Bohnen, Obst,
    Tabak, Weizen, Fischerei
Sehenswürdigkeit: San Blas

Nuevo Leon

Größe: 64924 km², 13. Platz
Hauptstadt: Monterrey
Bevölkerung: 3,1 Mio.
Wirtschaft: Baumwolle, Weizen,
    Mais, Viehzucht, Erdgasför-
    derung, Schwerindustrie
Sehenswürdigkeit: Canyon de la
    Huesca

Oaxaca

Größe: 93952 km², 5. Platz
Hauptstadt: Oaxaca
Bevölkerung: 3,1 Mio., überwie-
    gend Indios
Wirtschaft: Mais, Weizen,
    Bataten, Gemüse, Tabak,
    Obst, Holzwirtschaft, Vieh-
    zucht, Tourismus
Sehenswürdigkeiten: Oaxaca,
    Monte Albán, Mitla

Puebla

Größe: 33902 km², 21. Platz
Hauptstadt: Puebla
Bevölkerung: 4,2 Mio.
Wirtschaft: Kartoffeln, Mais,
    Weizen, Äpfel, Industrie
Sehenswürdigkeiten: Puebla,
    Cholula, Popocatépetl

Querétaro

Größe: 11449 km², 27. Platz
Hauptstadt: Querétaro
Bevölkerung: 1,1 Mio.
Wirtschaft: Mais, Weizen,
    Luzerne, Zuckerrohr,
    Milchwirtschaft, Quecksilber

Quintana Roo

Größe: 50212 km², 18. Platz
Hauptstadt: Chetumal
Bevölkerung: 500000, überwie-
    gend Mayas
Wirtschaft: Mais, Zuckerrohr,
    Agaven, Tourismus
Sehenswürdigkeiten: Cancún,
    Isla Mujeres, Cozumel, Cobá,
    Tulum

San Luis Potosi

Größe: 63068 km², 15. Platz
Hauptstadt: San Luis Potosi
Bevölkerung: 2 Mio.
Wirtschaft: Kaffee, Zucker-
    rohr, Mais, Bohnen, Queck-
    silber, Blei, Zink, Silber,
    Industrie

Sinaloa

Größe: 58328 km², 17. Platz
Hauptstadt: Culiacán
Bevölkerung: 2,2 Mio.
Wirtschaft: Zuckerrohr, Mais,
    Baumwolle, Gemüse, Vieh-
    zucht, Fischerei

Sonora

Größe: 182052 km², 2. Platz
Hauptstadt: Hermosillo
Bevölkerung: 1,8 Mio.
Wirtschaft: Weizen, Baumwolle,
    Gemüse, Viehzucht, Fische-
    rei, Kupfer, Silber, Gold

Tabasco

Größe: 25267 km², 24. Platz
Hauptstadt: Villahermosa
Bevölkerung: 1,6 Mio.
Wirtschaft: Bananen, Zucker-
    rohr, Reis, Erdöl- und Erdgas-
    gewinnung, Industrie
Sehenswürdigkeiten: La Venta
    Park, Villahermosa

Tamaulipas

Größe: 79 384 km², 7. Platz
Hauptstadt: Ciudad Victoria
Bevölkerung: 2,3 Mio.
Wirtschaft: Baumwolle, Agaven,
  Zuckerrohr, Zitrus, Erdgasge-
  winnung, Industrie

Tlaxcala

Größe: 4016 km², 31. Platz
Hauptstadt: Tlaxcala
Bevölkerung: 770 000
Wirtschaft: Agaven, Gemüse,
  Gerste, Schafzucht, Textil-
  verarbeitung
Sehenswürdigkeit: Tlaxcala

Veracruz

Größe: 71 699 km², 11. Platz
Hauptstadt: Jalapa
Bevölkerung: 6,2 Mio.
Wirtschaft: Mais, Kaffee, Reis,
  Kakao, Viehzucht, Erdöl- und
  Erdgasförderung, Industrie
Sehenswürdigkeit: El Tajín

Yucatán

Größe: 38 402 km², 20. Platz
Hauptstadt: Mérida
Bevölkerung: 1,5 Mio.
Wirtschaft: Agaven, Mais,
  Bohnen, Tourismus
Sehenswürdigkeiten: Chichén-
  Itzá, Uxmal, Labná, Sayil u. a.

Zacatecas

Größe: 73 252 km², 10. Platz
Hauptstadt: Zacatecas
Bevölkerung: 1,5 Mio.
Wirtschaft: Mais, Weizen,
  Viehzucht, Quecksilber,
  Silber, Gold, Blei, Eisenerz
Sehenswürdigkeit: Zacatecas

Vegetation

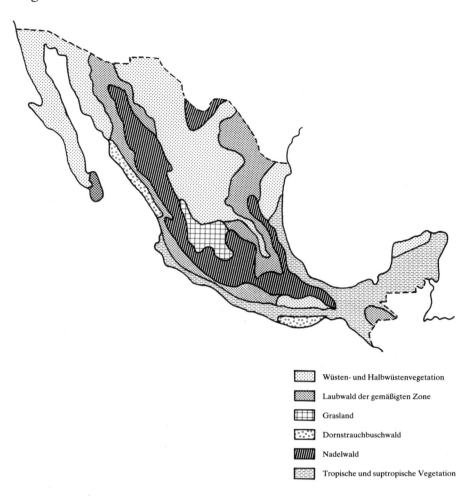

Wüsten- und Halbwüstenvegetation

Laubwald der gemäßigten Zone

Grasland

Dornstrauchbuschwald

Nadelwald

Tropische und suptropische Vegetation

Jährliche Niederschlagsverteilung

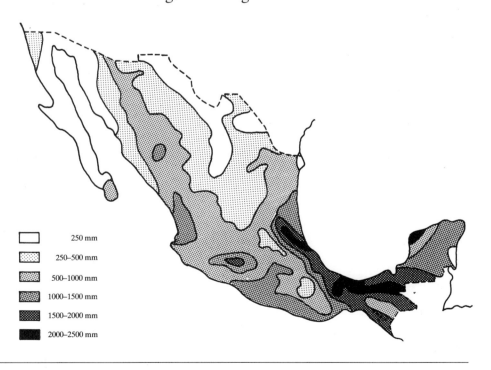

250 mm

250–500 mm

500–1000 mm

1000–1500 mm

1500–2000 mm

2000–2500 mm

Zeittafel der präkolumbianischen Kulturen

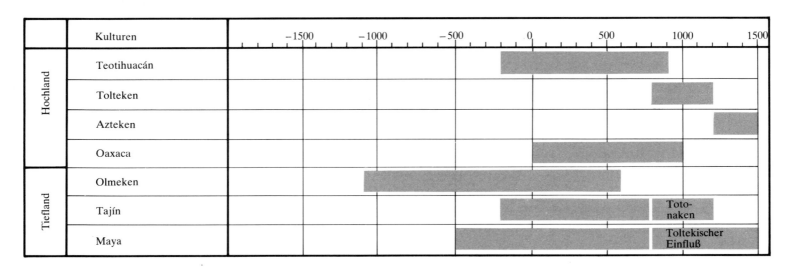

	Kulturen	−1500	−1000	−500	0	500	1000	1500
Hochland	Teotihuacán							
	Tolteken							
	Azteken							
	Oaxaca							
Tiefland	Olmeken							
	Tajín							Toto-naken
	Maya							Toltekischer Einfluß

Teilweise bestehen beträchtliche Unterschiede der Einteilung bei den einzelnen Forschern, insbesondere für die Olmeken
(Soustelle: −300 bis +600, Helfritz: −1500 bis +500!) und für Oaxaca.

Die wichtigsten Indianervölker

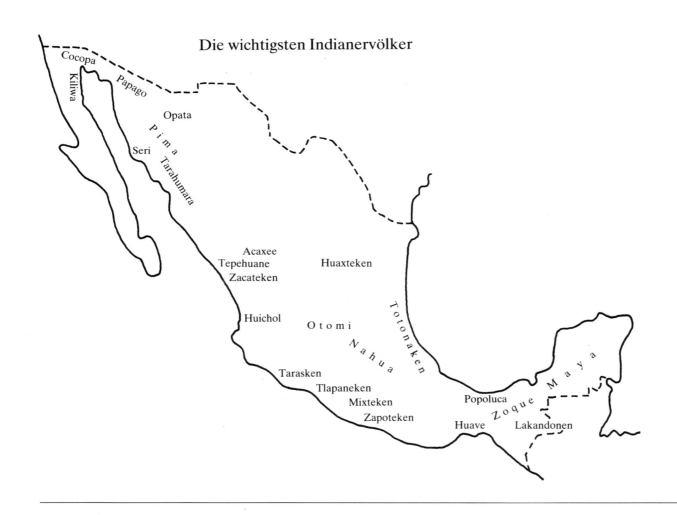

Literaturhinweise

Bernal, I./Simoni-Abbat, M.: Mexiko, München 1987

Biermann, K.: Mexiko, Beck'sche Reihe Länder, München 1993

Buche, I. u. a.: Die versteinerte Revolution, Bornheim 1985

Eggebrecht/Grube: Die Welt der Maya – Archäologische Schätze aus drei Jahrtausenden, Mainz 1992

Fuentes, C.: Hautwechsel, Stuttgart 1969

Fuentes, C.: Chac Mool, München 1982

Fuentes, C.: Verbranntes Wasser, Stuttgart 1987

Gormsen, J.: Das Kunsthandwerk in Mexiko als regionaler Entwicklungsfaktor unter dem Einfluß des Tourismus, Saarbrücken 1985

Helfritz, H.: Die Götterburgen Mexikos, Köln o. J.

Kisch, E. E.: Entdeckungen in Mexiko, München 1984

Lanczkowski, G.: Die Religion der Azteken, Mayas und Inka, Darmstadt 1989

Lawrence, D. H.: Mexikanischer Morgen und andere Essays, Reinbeck 1984

Lewis, O.: Die Kinder von Sanchez, Bornheim 1982

Marks, R. L.: Der Tod der gefiederten Schlange. Hernan Cortés und die Eroberung des Aztekenreiches, München 1993

Maryland, H. J.: Mexiko – Landschaft, Tiere, Pflanzen (LB Naturreiseführer), Hannover 1989

Nigel, D.: Die versunkenen Königreiche Mexikos, Düsseldorf 1983

Paz, O.: Das Labyrinth der Einsamkeit, Frankfurt 1974

Prescott, W.: Die Eroberung Mexikos, München 1984

Rockstroh, W.: Mexico auf neuen Wegen, Köln 1988

Sabloff, J. A.: Die Maya (Wandel der Archäologie am Beispiel der Maya), Heidelberg 1991

Seler-Sachs, C.: Auf alten Wegen in Mexiko, Wien 1993

Sevilla, R./Azuela, A. (Hrsg.): Mexiko – Die institutionalisierte Revolution, Bad Honnef 1993

Skupy, H.-H.: Unter der Sonne Mexikos, München 1982

Soustelle, J.: Die Olmeken – Ursprünge der mexikanischen

Hochkulturen, Freiburg 1980

Stephens, J. L.: In den Städten der Maya, Reisen und Entdeckungen in Mittelamerika und Mexiko 1839–1842, Köln 1980

Tobler, H. W.: Die mexikanische Revolution. Gesellschaftlicher Wandel und politischer Umbruch 1878–1940, Frankfurt 1984

Traven, B.: Land des Frühlings, Zürich 1977

Traven, B.: Die weiße Rose, Frankfurt 1978

Traven, B.: Die Baumwollpflücker, Frankfurt 1978

Traven, B.: Der Schatz der Sierra Madre, Frankfurt 1978

Williams, T.: Die Nacht des Leguan, Frankfurt 1983

Register

U S A

TIJUANA
MEXICALI
Ensenada
Sonoita
Rio Colorado
Nogales
EL PASO
JUAREZ
Nueva Casas
Grandes

S. Pedro Martir
Baja
Golf
von
California
von
Kalifornien
San Borja
Guerrero Negro
Santa Rosalia
San Ignacio
Mulege
Loreto
La Paz
Cabo San Lucas

Guyamas
Los Mochis
CULIACÁN
S o n o r a
Sierra Madre Occidental
Sinaloa
El Creel
Canyon de Cobre
CHIHUAHUA

Río Grande (Río
Sierra Ma
SALTI

DURANGO
MAZATLÁN
ZACATECAS
Dolore
AGUASCALIENT
GU
Nayarit
San Blas
TEPIC
GUADALAJARA
Puerto
Vallarta
Chapala
Jalisco
Colima
▲ 4265
COLIMA
Paricutin
2774 ▲
Micho
Barra de Navidad
Tecoman
Manzanillo
Ixta

P a z i f i s c h e r   O z e a n

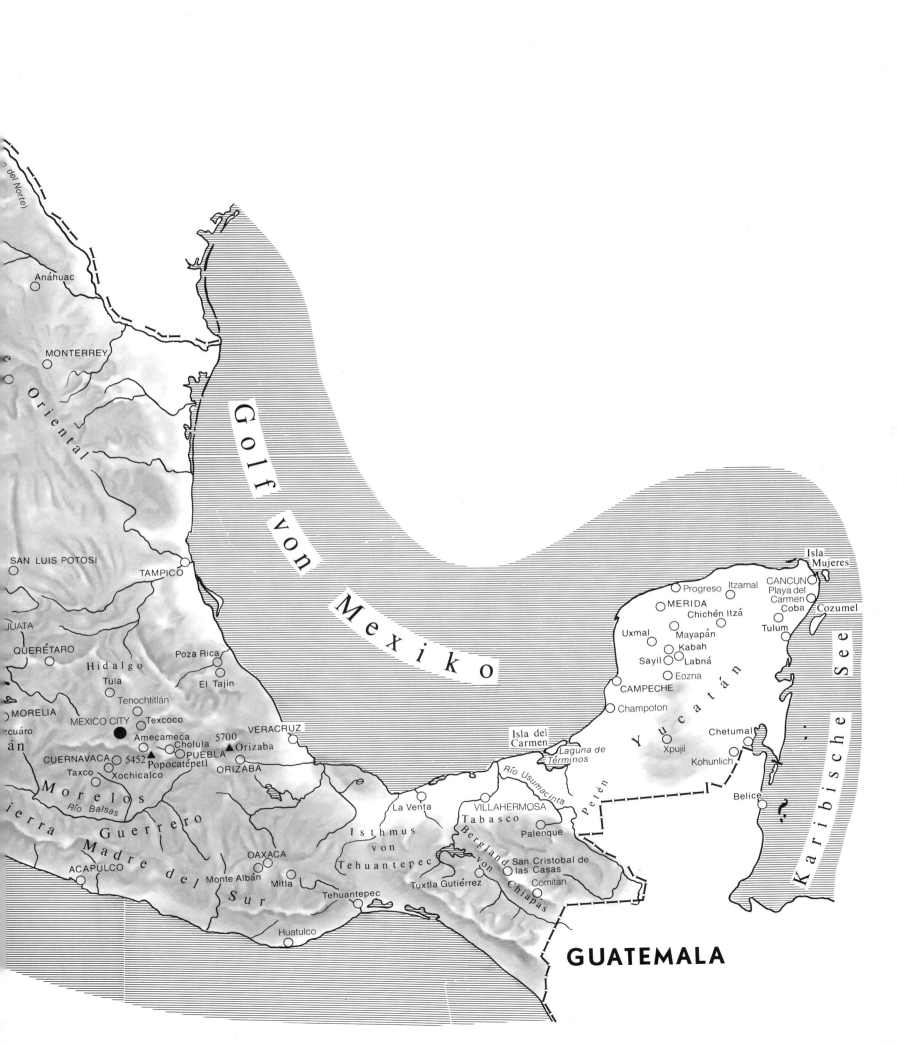

Anáhuac

MONTERREY

Oriental

SAN LUIS POTOSI

TAMPICO

JUATA

QUERÉTARO

Hidalgo

Poza Rica

Tula

El Tajín

Tenochtitlán

MORELIA

MEXICO CITY   Texcoco

VERACRUZ

cuáro

Amecameca   5700

án

Cholula   Orizaba

CUERNAVACA   5452   PUEBLA

Taxco   Popocatépetl   ORIZABA

Xochicalco

M o r e l o s

Río Balsas

G u e r r e r o

Sierra

ACAPULCO

Madre

OAXACA

Monte Albán   Mitla

del

Tehuantepec

Sur

Huatulco

Golf von Mexiko

Isla
Mujeres

Progreso   Itzamal   CANCUN
Playa del
Carmen
MERIDA   Chichén Itzá   Coba   Cozumel

Uxmal   Mayapán   Tulum

Kabah

Sayil   Labná

Eozna

CAMPECHE

Champoton

Y u c a t á n

Chetumal

Xpujil

Kohunlich

Karibische See

Isla del
Carmen
Laguna de
Términos

Río Usumacinta

P e t é n

Belice

La Venta   VILLAHERMOSA

T a b a s c o

Isthmus   Palenque

von

B e r g l a n d

Tehuantepec   v o n

San Cristobal de
las Casas

Tuxtla Gutiérrez   C h i a p a s   Comitan

GUATEMALA

Die Karte auf Seite 190/191 zeichnete Wolfgang Bayer, Röhrmoos.